李晓达 著

新华出版社

图书在版编目（CIP）数据

甲子甲子 / 李晓达著. -- 北京：新华出版社, 2020.8
ISBN 978-7-5166-5221-3

Ⅰ. ①甲… Ⅱ. ①李… Ⅲ. ①散文集－中国－当代
②小说集－中国－当代 Ⅳ. ①I217.2

中国版本图书馆CIP数据核字（2020）第120386号

甲子甲子

作　　者：李晓达

责任编辑：林郁郁　　**封面设计：**刘宝龙

出版发行：新华出版社
地　　址：北京石景山区京原路8号　　**邮　　编：**100040
网　　址：http://www.xinhuanet.com/publish
经　　销：新华书店、新华出版社天猫旗舰店、京东旗舰店及各大网店
购书热线：010－63077122　　**中国新闻书店购书热线：**010－63072012

照　　排：六合方圆
印　　刷：北京文林印务有限公司

成品尺寸：170mm×240mm
印　　张：15　　**字　　数：**180千字
版　　次：2020年8月第一版　　**印　　次：**2020年8月第一次印刷

书　　号：ISBN 978-7-5166-5221-3
定　　价：48.00元

序

蔡运桂

老夫八十有九（虚岁），已进耄耋之年，体弱智衰。尤其是2019年，几乎全年都为疾患所困扰。故已下决心搁笔颐养天年，不再为文友著作写序，做动脑伤神的苦差事了。不料今年4月上旬，接青年作家郑钟海电话，请我为家乡青年作者李晓达的处女作作序。我本想以身体欠佳为由婉拒的，但想到李晓达是李绪本老师的孙子，我就心软接受了。

想起李绪本老师，我们在同校生活时间不长，但深情厚谊终身牵。我是1949年考入陆丰三中（现甲子一中）读书，李老师是1950年调来陆丰三中任语文老师的。因学校规模小，三个年级只有一百多学生，十几位老师。我初二下学期又当上学生会主席，故对每位老师都认识。当时李绪本老师是一位年青小伙子，又是教语文的，成为我人生追求的偶像。故我初中毕业后考入广东惠州师范学校，想当一辈子语文教师。我离开陆丰三中后与李老师虽天各一方，但偶有联系，他曾在其女婿林怀展陪同下到我家叙旧。师恩浓浓情谊，永铭于脑海。上世纪九十年代，李老师的著作《甲子人文风土览趣》

叫我为之作序，我欣然命笔。2008 年李老师不幸逝世，他女儿李丽婷登门请我为李老师写一副挽联。我不是写挽联的行家里手，但凭藉对李老师的敬仰之情，就提起自己的笨笔，写下一副不那么工整的对联：“名著黉坛，培桃育李流芳远。功昭瀛海，重教兴文信誉高。”今天为李老师孙子李晓达著作写序，也是隔代师生情缘的绵延吧！

摆在案头的书稿名为《甲子甲子》，是一个既熟悉又陌生的书名。甲子作为黄历（农历）干支纪年名号，中华儿女无人不晓。但把两个名号重迭作书名，就有点标新立异的陌生感了。“甲子”这名号历史悠久，作为黄历干支年号，传说是从黄帝即位元年算起，距今有四千七百余年了。作为地名的“甲子”，文献有记载，汉元帝时期“曾遣将校巡海到甲子门”，距今也有二千二百多年了。甲乃天干一号，有天下第一之义也；子乃地支一号，又是十二生肖鼠的代称，就有点神秘了。十二生肖乃中华文化传统，为什么老鼠排第一，最古老的传说是，人文初祖轩辕黄帝，要召十二种动物做宫廷卫士，本来是牛走在前头，而老鼠跳到牛背上，到达宫廷门口时老鼠从牛背上跳下来，争了个第一名。小时候，我曾好奇地问母亲：为什么十二生肖中老鼠排第一，抓老鼠的猫为什么无名呢？母亲说，当时本是猫走在前面，在过桥时狡猾的老鼠把猫撞到河里，被河水淹死了，所以十二生肖就没有猫的份了。这骗小孩的民间传说我永记于心。今年恰好是鼠年，借《甲子甲子》谈鼠，也不算离题万里吧。

《甲子甲子》的作者不是科班出身的文人，而是毕业于中国人民公安大学后从警十多年的青年干警。他业余喜欢写作，以朴实无华的语言记录家乡甲子的人物、事件、民风民俗等。我问作者，为什么都是写家乡的题材？他做了详细的回答：“一是受祖父李绪本先生的影响熏陶。祖父非常关注家乡，整理挖掘了一批地方史、地方风俗人情，对地域文化、语言文学等也多有涉猎；二是下基层的经历。我曾从省公安厅选派到陆丰下基层一年，给我提供了一个新的视角再去观察家乡的风土人情，而且有较长一段时间集中体会和记录相处的生活、风俗，特别是至亲离世后带着对故乡故人与以往不同的感受去体会、记录；三是希望将淳朴美好的甲子记录下来。把曾经被边缘化、妖魔化的甲子，还原为现实中的甲子，让读者知道甲子这个海边古镇的美好，尤其是往日甲子的传统、风俗、文化，乃至依旧淳朴的乡人、乡事、乡情。四是为了留住故乡的记忆。将一个具体的故乡留给我们的后代，尝试让他们知道父辈曾经居住的地方，这个地方上生活的人、发生的事、存在的物，以及街市上的风俗、言语中的文化，将他们脑海中‘故’与‘乡’的认识综合和丰富起来，从而留住记忆、留住乡愁。这是我尝试写作的初衷，也是努力的方向。”

作者这段言简意赅的表述，可称作一篇简短的“自序”了。我写的只能是这个“自序”的诠释与延伸而已。乡土题材，是古今文人都重视开采的“富矿”，“乡情”“乡愁”是远离故乡的文人的共同情怀。

本文集开篇《上学记》，是作者上小学时代的纪实散文。作为儿童，在上学的路上对大街小巷的事物十分感兴趣，甚至细心观察、铭记于心。现实生活是文学的源泉，善于观察生活，是文学创作的重要环节。作者孩童时代就注重观察生活，积累了丰富的素材，实在难能可贵。文中写到观察邮政局邮递员送邮件上邮车时，传递一个信息，作者收到一张 5 块钱的稿费单，是作者在一小报发文章的稿费。小学生能在报纸发文章，说明作者童年就有文学聪慧，也许是家族中文学基因的传承吧。

《坟》是写清明扫墓的事，是一篇情景交融的伤情散文。当我读到文中“想起二十余年前，祖父白发人送黑发人的悲恸场景，再想到慈爱的祖父，将在数月后与早逝的舅父相会于地下，胸口似乎巨石堰塞，欲语无声，欲哭无泪，心中悲伤无法言表，断肠之痛也不过如此”几句话时，不禁潸然泪下。因为我家也有同样的悲剧，忆起六十八年前父亲送二十九岁哥哥的悲痛情景。两家悲剧重迭一起，掀起我的伤情波浪。当年惊悉李绪本老师丧子噩耗时也曾悲恸过，李老师连续生了四个女儿，唯一的爱子大学毕业后走上医生的岗位，不久就溺水身亡。这对李老师精神上打击的巨大，同我父亲对二十九岁儿子自杀身亡所受的打击之巨大是相似的。我还亲眼看到父亲在哥哥遗体旁边的痛哭情状。不堪回首当年的悲剧，一回忆内心就隐隐作痛。文中又说：“舅父去世之后，祖父从没有到舅父坟上看过，只怕伤心不可抑制。现在，祖父与舅父，都安息在故乡的黄土下了，这对多年没见面的父子，或会相遇在黄泉某处罢。”生者长戚戚，死者魂渺渺。所谓黄泉路上相会，只是生者的感情寄托而已。死者灵魂相会的传说，只能在虚构的戏曲中看见罢了。

读《擎天石下一园丁》，我又触景生情了。这篇文章题目，是李老师遗留书法闲章中的文字。擎天石，我读初中时朝夕所见。李老师是擎天石下一园丁，我曾是擎天石下一嫩苗。李老师在擎天石下从教数十年，对学生的关怀与热爱，受各届学生的敬仰，可谓桃李满天下。文中也写到李老师的坎坷经历，在那不堪回首的浩劫年代，经受种种磨难，但他能乐观面对残酷的现实，劫后余生，能享受幸福的晚年。他七十八岁时，还以书法作品写下前人《蜡烛诗》：“不惜身上膏，化作千尺明。陪人倚窗读，照人赴锦程。点点发光热，从不慕虚名。一心贯终始，本性尽忠贞。”这是李老师人品的写照。

记得三年前，由文友陪同下重观擎天石，旧石巍然依旧，人事沧桑无常。擎天石将永远是甲子一景，而擎天石下的园丁和新苗，将随着时代风云变幻一个个逝去，不禁产生迟暮之感。

《葬礼》一文引起我的关注。作者说甲子葬礼制度与汉代大同小异，“是古代丧葬礼仪制度的延续”。阅读全文，才知道甲子葬礼有那么多名目的繁琐仪式。作者作为 80 后的青年干警，对这些古老的葬礼仪式如此熟悉，出乎我的意料。作者明知“毕竟出殡、葬礼的哀荣、排场都是给外人看的，只有亲人离世的悲伤才是葬礼的主题。”时光已发展到信息化时代，而那做给外人看的、劳民伤财的隆重葬礼，仍停留在二千多年前的古制，葬礼的改革势在必行。大城市早已改革了，甲子也在逐步改革吧。由于自己活到年近九旬，对家乡的葬礼仍很陌生。正因陌生，心中不禁涌出愧疚之情。因我的父母都逝世于“阶级斗争天天讲”的年代，出殡时还有许多农民兄弟参加葬礼，唯有亲生儿子忌惮于当地主阶级孝子而不敢跪拜于灵前，只能在远方偷偷抹泪，黯然神伤。等到 2005 年，我才在《羊城晚报》发表《迟来的忏悔》一文，并于清明时节将文稿当做纸钱，在父亲坟前化为一股青烟，飘于旷野晴空，以作迟来的悼念。

《甲子甲子》中，大部分是纪实性、回忆录性质的散文，有的是作者童年经历，有的是听家族中大人说的，也有从一些地方史料中获取的，故有丰富的民风民俗信息量。《姨妈与幻想诗》，就是听家里人说的。文章虽短，却很生动，写出了一个荒唐时代的某个缩影：教师不能上课堂而去敲钟，小学生不能上学，在家中织渔网、背诵课文。幸好有位常来家里与祖父喝茶、聊天的老文人刘振亚先生，教姨妈们背诵清代四川举人胡大川的幻想诗。四位小姑娘对古体诗的内容不一定理解，但也认真背诵，50 年后仍记忆犹新。可见她们的聪明，记忆力超凡。由于文中穿插几首幻想诗，增添了文彩，显得生趣盎然。刘振亚先生，我读初中时见过他，清瘦身材，喜欢向人唠叨康有为的《大同书》学说，大谈“世界大同”理想，故被不理解《大同书》的听者，讥笑他有精神病。姨妈们在家织网的时代，作者尚未出世，但追忆姨妈们的少年往事，写得自然流畅，耐人寻味。

《叩问舅父》一文，有几分惆怅，几分悲伤，可算是悼念舅父的文章。舅父去世时，作者年仅 5 岁，舅父的生平事迹，是家人诉说和从遗物中获得的。李文灏是一位聪明活泼、性格开朗、兴趣广泛、多才多艺的青年。可惜大学毕业后走上医生岗位，正在发挥才干时，被那条无情的河流夺去了生命，“将一个家庭撕裂成碎片，也将存活者的心留下深深的伤痕。”作者在文中都用诘问句叩问舅父，从诘问中反证舅父的优秀。作者写道：“不知道我优秀的舅父，当时心中有没有什么理想、目标，年少成名的他想成为一个什么样的人？或者换一个角度说，如果这个聪明人，凭他的好学和聪慧，不遭受意外的话，能在医学上有什么建树，他的人生能取得什么样的成绩？而一个聪明人遭遇如此的不幸，是否会让人更加惋惜和痛心？”当我读到这段文字时，想到李老师当年的痛苦情景，我也悲情涌上心头，眼泪夺眶而出。我虽未曾与李文灏谋面，但此时似乎他的英魂萦绕于脑海，我也对他表示迟来的悼念吧。

文集中还有短篇小说《英歌林冲》，小说的核心人物是徐姓的疍家青年小伙子，因他在甲子英歌舞中演梁山泊好汉林冲角色，故人们称之为林冲。作者意在介绍那气势磅礴、威武豪迈的英歌舞，那独特的舞姿艺技很能吸引观众眼球。在表现英歌舞演练时，有点类似《水浒传》的文字风格，可见作者有较好的文字功力。小说也穿插林冲与碣石卫来甲子港照虾的渔家女，从偶然的对歌到恋爱结婚的故事。疍家被当地视作贱民，多受歧视、欺凌。林冲参加英歌舞演练多年，当英歌舞首次出师参加海寨村晋祠大典表演时，因林冲是疍家，致英歌舞被村长叫停，整个英歌队如鸟兽散。林冲咽不下这种族歧视的怒气，毅然铤而走险，独自手执丈八蛇矛，冲进海寨村把村长刺死，又回头到大衙门向官府自首，被士兵开枪击毙，结婚不久的妻子闻丈夫死讯后跳海身亡，酿成人间悲剧。小说一万多字，构思仍欠精巧，平铺直敘文字过多，林冲与渔家女对歌婚恋故事尚嫌惜墨，不够委婉动人。

晓达同志知道我身体欠佳，希望我为之作个短序，结果写出一生一篇最长序言。因其中有借题发挥之言，有李绪本老师情缘所系，又有自己家族的悲情寄托其中，可说是有点情意绵绵的序言。望这一篇，为我作序言划上句号。

（蔡运桂，原广东省作家协会党组书记、副主席，文学评论家）

醉是温润故乡情（序二）

张 策

在研究公安文学发展进程的时候，我们可以发现一个有意思的现象：在许多公安系统作家的笔下，呈现着丰富的、鲜活的，充满个人体验和个人情感的地域风情。而在我们的想当然中，公安作家是应该关注那些硝烟弥漫之处的惨烈和悲壮的，是应该在作品中恣意抒发他们强烈而刚硬的情绪的。他们的柔软，他们的多情，他们对亲人和故土的留恋，都似乎与我们对他们的认识相悖。这是为什么？

我们可以就此举出许多例证：如曹乃谦，如龚桂华。前者厮守山西大同，创作出《到黑夜想你没办法》等名著，以浓郁的山西风情震撼文坛，得到诺贝尔文学奖评委的青睐。后者钟情于广西桂林的旖旎山水，写出《世情》《寒秋》《苦窑》等长篇小说，将广西风情民俗表现得淋漓尽至。他们的成就，甚至一度引发了文学界关于公安作家定义的争论，公安系统作家应该不应该表现自己生于斯长于斯的那方热土，应该不应该把笔墨倾注在与他们的职业似乎相去甚远的山水与亲情之间？

近年来，公安散文创作非常活跃（为了更准确地表述，我们这里所说的公安散文，特指由公安系统作家创作的散文作品）。在进入我们视野的优秀的散文作品之中，描绘乡情风貌的作品就更显突出，甚至有相当部分作家是专门书写这类作品并以这类作品闻名的。这种现象使我们不得不去关注与思考，因为这是一个关乎于公安文学创作某种发展走向的问题。

有人可能会对我们这样的研究嗤之以鼻。他们会说：这难道也是问题吗？古往今来，任何作家不都是这样去写的吗？哪一位作家笔下不曾留下过对自己家乡的依恋？不曾表达过自己对亲情、对爱情的憧憬？又有哪一位作家在创作中能够离开个人生活的浸染和积累？难道公安系统的作家们，有什么特别的吗？

说对了，公安系统作家确实有特别之处，特别就在于在“作家”这个名称前面加上了“公安”这个重要的前缀。

行业文学是某些评论家不太认可的一个概念，但却是现实中一个客观存在。行业文学的创作主体，以本行业的从业者为主，而本行业是行业文学的主要表现对象，亦是行业文学创作的土壤。由此可见，公安系统作家的创作主题，无疑应该是波澜壮阔的公安斗争生活。但是，我们不能忽视一个重要问题，即公安工作不是一个简单的、独立于社会的普通行业，它的政治属性和社会属性是任何其他行业都不能比拟的。因此，公安文学是行业文学又不仅仅是普通的行业文学，很多时候它是社会的一面镜子，是深入观察社会的窗口，是探寻人性奥秘的管道。在公安作家们的笔下，不应该仅仅只有侦查办案的火爆和社会治安管理的精细，而应该更多地有通过对公安工作的描写而对社会全貌的观察与思考。

从这个角度说，公安作家们对自己生活的地域、自己身边的亲人朋友、自己的童年和成长经历，有着深厚的兴趣和写作欲望，是非常可以理解的，也是应该鼓励的。

我们更应看到，正是因为从事着充满艰辛和牺牲的公安职业，正是因为目睹着太多的悲壮与痛苦，公安作家们内心对平安与幸福，对亲情与友爱，对自己成长的故土和守卫着的地域会有更多更深的眷恋与感触。作为书写者，他们对此题材的心血倾注，更是真情流露，更加深沉凝重，更加具有独特的认知与思考。

这样的例子可以顺手拈来。除了德高望重的曹乃谦与龚桂华，我们还读过吴东林的《红土地》，读过崔楸立的《满江红》，读过连忠诚的《村庄的遗物》，读过林纾英的《守望》和张新军的《草房子》……现在，我们又读到了李晓达的《甲子甲子》。应该说，晓达的作品触发了我的思考，使我对公安作家的乡土题材创作认识更加清晰。

工作在广东省公安机关的李晓达是个青年作者，八零后。但他对家乡甲子镇的回顾，却细腻、深沉而且厚重，充满了感情。他自己说："我还很年轻，年轻得没有资格诉说乡愁。可是离开了，还有怀念，便是一种惆怅的眷恋。"这一段话，已经很好地表达了作者的一种心情。离开家乡，离开亲人，作者参加了公安工作，成为一名人民警察，从此承担起工作和生活的沉重压力。惆怅便悄悄生出，思念便慢慢发酵，工作中的严峻便与回忆中的温馨形成强烈的对比。这催生了年轻作者的创作欲望，也展现开一名人民警察的美好心灵。

晓达的文字亲切而朴素流畅，读他的作品如同听一位智者在向你娓娓道来。从他的作品中可以看出，他出身于一个和睦的乡村知识分子家庭，美丽的乡村，亲切的邻里，文化的薰陶，都塑造着一个健康而积极向上的灵魂。更加难得的是晓达对事物观察的细致与准确，这是成为一个优秀作家的必要前提。如我们前面所说，作为一名公安作家，对家乡的热爱和眷恋必然在高强度工作的挤压下，在书写者的脑海中被强化，被美化，这种强化和美化，不是无来由的虚构，而是真实的放大，是在生活的基础上更细致而精准的描模。

因此我们提倡公安系统的作家们在为事业而歌、为战友而歌的同时，也不要忘记为自己的成长，为自己的故乡，为自己生命里那些难以忘怀的人和事留下印迹。我们相信这种印迹必然是充满生命的活力的，是充满对生活的礼赞的，是一个公安作家献给祖国和人民的颂歌。

李晓达的创作再一次告诉了我们这个道理：脱离生活的沃土，作家将一事无成。晓达的创作还刚刚起步，但已经走在了一条正确的道路上，希望他能走得更远，走得更好。

故乡的山山水水是令人陶醉的，那种温润，那种绵长，那种挥之不去的思念，永远是公安作家心灵中的另一处柔软。

（张策，中国文联全委会委员、全国公安文联副主席）

目录

上学记

那时候，对于刚去读书的我来说，上学是很有趣味的一件事情。

并不是学校对我有多大的吸引力。我是在粤东一个名叫甲子的海港小镇出生长大的，在80年代度过整个美好的童年。街头巷尾有很多小伙伴，可以玩各式各样的游戏，跳绳、拍贴纸、丢香烟壳叠成的豆腐牌等等，还有刚刚兴起的电子游戏，以及一部又一部的动画片——我至今还记得“人间大炮”的发射程序，以及葫芦兄弟每个人的绝招。刚上学的小孩，没有人会在这么多诱惑面前喜欢无聊的学校吧。我喜欢上学，也不是喜欢读书、校园，我感到趣味的是，上学的这段路程。

我家原住在甲子镇城内的狮头巷，到两东市场内的甲子第二小学，垂直距离不足一公里，走路十来分钟就到了。但我常常是早早出门上学，到学校还是迟到。因为一路上东看西看，走几步就停下来，又没有固定的路线，要看的东西，要做的事情都太多了，所以迟到也不足为奇。

对于那时小小的我而言，甲子是很大的一个地方，很多地方都没有去过，什么都感到新鲜。那时的甲子，外围尚未发展，很多地方对一个小孩来说，还是颇为荒凉不安全的；另外，地方民风彪悍，而一些“野小孩”颇具传承意识，有拉帮结派的，也有分管区、社头甚至宗姓欺负外来小孩的，还有的甚至看校服不一样就过去围攻。一些还配备精良，裤带上系了小刀或者磨尖的竹片。加上那时治安不是很好，一段时间还谣传有外省人背着竹篓专门抓小孩，人心惶惶。有这几个顾忌，家中大人自然不愿意我跑远玩野，非必要不准出门，出门也要先向大人说清，早去早回。所以我自然没有什么在外面玩的经历，去的地方也有限。因此，至稍长到学校读书，上学的这段路程于我，实在是有趣得很。

那时甲子的小学都是三班制，同一个教室早上、上午和下午由不同的班使用。地方人口多，学校教室不够用。如果是早上的课，要五点多六点就起床。小孩子永远都是缺觉的，小小的肩膀背着大大的书包，睡眼惺忪，在海港小镇一夜未散的雾气中，走过一条又一条晨昏初明的小巷，手里抓着半支蜡烛，那是准备一会安置在课桌一角点燃用来照明的，教室的电灯不够亮。这个影像，一直留在我的记忆里，是童年印象深刻的回忆之一。

推开家里的木门，跨过麻石的门槛，经过一条条短仄的小巷时，陆陆续续有沿街的店铺开门。店主人依次卸下又长又宽的木板拼成的铺门，安置好柜台，摆上各式商品。勤劳的女人，天刚亮就从院子里的摇井里打好大桶的水，冲洗家门口地面，用长柄刷用力地刷洗门口院子的瓷砖或者洋灰地。虔诚的老妇人，提着竹篮早早地出门拜神，竹篮里一把香、几个大桔，小脚在石板路上不紧不慢地走着。

我上学的路线之一，要经过十字街的市场。如果碰巧，可以看见鱼丸铺的几个小姑娘，用有着锋利刀刃的尖头三角小刀，一条条劏开刚从海边运来的鲜鱼，主要是“那哥鱼”，刮去鱼鳞、剔净肠肚。一个瘦高的小伙子，在一个周边高中间低的大圆木垛上，把鱼肉剁成糊状，再由小姑娘们把鱼肉捏成一颗颗洁白鱼丸，放入冰水中备用。火炉是用半人多高的大汽油桶改造成的，炭火旺盛，不一会上面架着的大锅里的水就开了。一盘盘鱼丸倒进翻滚的水里，先是沉到锅底，即刻就浮上水面，香气四溢。起锅时用小勺在碗底放一小勺猪油爆过的葱花、一撮芫荽，再用大铁勺从大锅捞出鱼丸放进碗里，最后浇一大勺汤。我几乎每天清早上学都会在这里停下脚步看一会，日久天长，几乎完全掌握了鱼丸制作的全过程。如何使小刀斜斜地插入鱼头下方飞快地一钩去掉鱼鳃，如何刮完鱼鳞后顺手将鱼翻个面一刀破开鱼肚、刮去肠肚，怎样在鱼丸没入冰水时灵活地一甩手腕不让鱼丸粘在手上，还有怎样用一块铁皮忽快忽慢地鼓风，使得大汽油桶炉子中的火苗保持旺盛，这些都需要反复地看，没有人一一指点你。

我还常常要经过大街，这里可看的东西更多了。三角楼中药铺的小伙计，把中草药在一个个大圆竹箕里摊开，再左右颠一颠使其均匀，最后再把大竹箕一个接一个叠放在铺门口的架子上风干，能摞得半层多楼高，像杂技一样精彩。饼庄的师傅戴着厚厚的棉手套，用长长的铁条打开炉门，在扑面而来带香味的蒸汽中，从大转盘上夹出一个个热气腾腾的饼，放在铺了白棉布的大木桌上晾凉。冷了的饼十个一叠，用印着店名的大红纸包起来。饼皮上有几个芝麻粒的是绿豆饼，没有的是肉饼。中秋前后，木桌上就都是盘子一样大的洁白月糕，还有两指来宽略带弯曲方形的扇糕。甲子以前并没有吃月饼的风俗。卖雨衣雨伞雨鞋的老板，在地上的塑料布上整整齐齐摆上各色雨鞋雨衣，再用一个上了桐油的长竹竿，把雨伞一把把挂到临街骑楼两根柱子之间的铁丝上，形成一幅半空中密实的墙。他就在墙下擦着火柴，点上一天中第一支烟。柱子边的小红泥炭炉架着一把锈迹斑斑的老铁壶，壶中的热水已经沸腾。一旁的紫砂茶壶里放好了铁观音，在晨光中静静等待着主人忙碌完。

在大街和真君街交接的地方，还有一个卖猪血汤的小摊。五毛一碗，汤里撒了清脆的香菜和胡椒粉，独特的香味即使离着半条街远也扑鼻而来。几张小板凳上总是坐着人，来晚了的就当街站着，一手端着大碗，吹一下喝一口，另一手中的筷子可有可无地在汤里拨一下。还有卖豆花的老人，一对大木桶盖着干干净净的白棉布，一个桶里是热豆花，另一个里是碗筷。颤颤巍巍的扁担一头挂着白糖和红糖各一大罐，另一头挂着一只三节头的手电筒。凌晨做好豆花后，一路挑着过来，没有日头的清晨走远路，这手电筒可是必备之物。一路走一路叫卖:“卖——豆花哦——，豆花——来买哦——”，走几步就停一停，让听见叫唤出来买豆花的人看得见。

再往下走就是两东的市场，一大早已经有人上市卖东西。四乡的农民，蹲在街角，手里捏着根手卷的熟烟。一旁的单车轮子上都是黄泥，后座上绑着一对公鸡。人和鸡都带着期望而空洞的神色，打量着来往的人。卖绿豆汤、豆浆、油条、花卷、绿豆糕等等五光十色早点的小摊，已经生好了火，笼罩在带香味的清淡雾气中。还有卖珍珠菜猪肉汤的小摊，也是早早支好炉灶，切得薄薄的肉片、腰子和猪肝放在笊篱里，在大锅的滚水中上下翻腾几下，再扔进一把切成段的珍珠菜涮一涮，马上就扣到大碗里，添上一大勺汤。顾客三三两两坐在摊位后矮桌子旁的马扎上，在雾气中各自端着碗，和着灶头上炊食的声响，嘈嘈杂杂地聊着天。

还有卖鱼粥的店，一大锅粒粒分明的白粥沸腾着，被主厨的师傅用一只硕大的长柄勺分盛到一个个大海碗里，碗底已经放好了小鱼块、鱿鱼丝、虾子、卤肉、肉卷。一旁打下手的小姑娘，等主勺的师傅盛完一碗就马上加上一勺卤汁、撒上几段芫荽，飞快地用布一擦碗沿，双手递给在摊位前等候的客人。咸菜丝是随便加的，客人用小碟子自取就行。懂行的老主顾会先把筷子攥在手里，留下大拇指和食指夹着装咸菜丝的小碟，等着用另一只手端粥碗就行。如果客人是老人或妇幼，店家会把粥和咸菜丝送到桌上。

如果大人给了零花钱，有时候我会随便吃点什么解解馋。因为早晨已经在家里吃过了，没有饿肚子的后顾之忧，大部分时间我都是看，一路走一路看，常常忘了要早读，慢慢磨到学校，十有八九已过了时间。怪不得家中大人说我小时候，时常做些傻里傻气的事情，这也算其中之一吧。

至于上午和下午上下学时，街市已经热闹起来了，我的上学路线自然更为曲折，耗在路上的时间也更多。比如十字街中午时卖蚝烙的摊子，就能让我看上不少时间。从调配薯粉水，到热锅、下油、打蛋，再到生蚝倒进平底锅，最后到煎成一张金黄喷香的蚝烙饼，我对于这些工序的熟悉程度，不比四则运算差。还有卖鸭肉汤、烧腊、猪脚饭等等的各色摊位或店铺也早早就开张了，主妇们挤在摊位或者店铺面前，边大声聊天边挑选一家人的午餐。

南门头一条小巷的转角处有家板面店，用的还是大土灶，灶台上架的还是老式的硕大铁锅——甲子人依照古音唤作“鼎”。店里的师傅用大炒勺从大海碗里挑起一块猪油甩进鼎里，再撒几个蒜粒进去。趁着蒜粒还在油中跳，将备好的猪肉片、小虾仁和鱿鱼条扔进去，发出“咋”的美妙声响。最后加入一份一指宽的板面翻炒，香味马上飘出店外。如果客人点的是汤面，就用大漏勺在沸腾的水里放进一份面，颠几次勺后盛进大海碗，点上几滴香油，加入几片猪肉、鱼饼，几个油炸的带壳小虾，以及切好的生菜、芫荽，最后再把一大勺滚烫的面汤一浇。赶路的外乡人和忙活的工友，多来吃板面，有面有肉分量足，能顶饱，价格也不贵。偶尔家里没有做饭时，我也会进店吃一碗汤面。但这面分量对一个小孩来说实在是多，我得慢慢吃上半个中午。

光明路的信鸽行，把各色鸽子养在一个个大木笼里，中午时伙计们把木笼抬出来，让鸽子洗澡晒太阳。那些神情骄傲的美丽鸟类，带光泽的羽毛上挂着水珠，在阳光下左顾右盼，咕咕地交谈，偶尔用喙整理一下羽毛。我喜欢看这些鸽子，可是信鸽行的老板对所有看鸽子的小孩都极不耐烦，如果太过靠近会遭其驱斥。这种情况直到我一个亲戚在他店里托养了一对小鸽子后才有所改变。我可以理直气壮地靠近看那对白鸽，亲手喂它们小米，同时假装对其他小孩的注目礼毫不在乎。去的次数多了，伙计们看到我来就开我玩笑，装出伤心的样子骗我说那对小鸽子昨天晚上感冒死掉或者被老鼠吃了，要不就是放飞了没有飞回来。我一边装出惊讶的神色一边寻找，看到那对熟悉的鸽子后再找伙计要小米，顺便对其撒谎的行为进行严肃的抗议。我们对这个游戏乐此不疲。这对鸽子长大后参加信鸽比赛得过不少奖，奖牌和奖杯在亲戚家大厅的架子上摆了一溜。

镇上唯一一家邮局也在光明路。那时候有很多人集邮，如果新邮票到了，窄窄的邮局里就有不少买邮票的人，带着文化人的气质相互问候。邮局里有一个漆成枣红色、压着玻璃的长木桌，放着糨糊、笔和包装绳。常常有人趴在这个旧木桌前，认真地写着什么。那时候没有短信，没有快递，也没有那么多银行，写的一封封信和明信片、寄的一袋袋东西、汇出的一张张汇款单，都要由邮局一份份寄出去，从这个小镇出发，乘坐邮车一路颠簸，穿过海边的红树林，经过冒着炊烟的田野，或许还要坐上火车或轮船，才能到达某一处陌生而遥远的地方。

每天中午时邮车准时到达，一个个装满信件和包裹的绿色帆布袋从车上卸下来，又一些帆布袋装上车去，大袋子正面中间都画着大红的“邮”字标记。只要看到邮车到了，我便放下书包，静静站在邮局门口，观看一场极佳的表演。两个穿着旧而整洁的绿色制服裤子的职员，会一趟趟搬出邮包，然后在车厢后一左一右站定，各抓住邮包的一个角，合力把它荡起来，在某一个瞬间同时放手把它扔进车厢内一个极为妥帖的位置。全程沉默而迅速，有一种带着程序化的神圣。我也不敢发出任何声音，看得津津有味，对他们的力量和默契钦佩不已。

邮局门头有几个小摊，有代写书信、卖各类包装物品的，也有刻急用章的——取汇款时按规定是要盖上取款人的名章。小学时有个同学的父亲在邮局里坐柜台，我第一次在一份小报上登了一篇小文时，他让他儿子通知我到邮局里去，拿出一张五块钱的汇款单，问怎么有人汇这么一点钱给我，地址写的还是学校，问我要不要取了。我也不知道怎么一个程序，就含糊地点点头，说是学校组织投的稿，第一次收到的稿费。他听了很开心，一边递给我汇款单，告诉我刻一个章都不少钱了，不要兑了，带回去做个纪念，一边从自己上衣口袋里掏出钱，数出五块钱递给我，说是奖励我的。我拿这笔巨款和他儿子享用了不少好吃的！

两东市场内还有一间铁铺，每天在上午时生起带风箱的大火炉，把铁块烧得通红。老板父子很相似，头发花白点、神情更沉默的是父亲。都是黝黑、瘦高而结实，短短的平头，也都整日穿着一件灰蒙蒙看不出材质的围裙。有活时，这父子一个使大锤，一个使小锤，合力把烧红的铁块敲打成某种农具——或者是镰刀，或者是锄头，或者是一把三股的叉——在需要锋利的地方淬出钢，最后浸进大桶的井水里，冒出大量带铁锈味的水蒸气。

有时候没有打铁的活，老板儿子就蹲在店门，先用手锯和小斧头把长木头分成一段一段，再用一把一捺来长而锋利的宽刃小刀，慢慢把木头段削成各类把手，插到一个自制的手摇小车床上，一手摇动车床,另一手拿着砂布仔仔细细地打磨光滑,然后漆上一遍清漆，放在屋里阴干，最后上一次红或蓝色的油漆。他那时也就是十七八岁左右，但几乎没有什么话，沉默一如中年人。有时候炉子里烧红的是一段段的铁条，他会用大钳子和铁锤把这些铁条弯成铁链的一环，一节节加上去。一次他花了几天时间打了一条我从没见过的粗大铁索，起码三指粗、十来米长。我连着看了几天中午。他在店里沉默地打，我在店外沉默地看。等到完工那天，我不由夸奖了这个少见的铁索几句。老板儿子沉默的脸上少见地出现得意的神情，摆摆手让我过去欣赏刚完工的铁索，还允许我逐一试试他那些趁手的大锤子、夹子和老虎钳。我如有荣焉。我小学还没有毕业，这个店就撤去了火炉，换了老板，卖起了机器造的农具。但我对这门打铁的技艺，印象深刻。我敢说，给我一个火炉和一个铁锤，有那么几件趁手的工具和一个沉默的得力伙伴,我就能做出许多式样的农具。因为我在那里观看的次数太多了。

冬节，也就是冬至前后，我上学的路线有所改变，往往要一个小时才能到达学校，因为我要拐到汪厝寨去看杀羊。甲子的风俗是冬至前后要吃羊肉，别的时季街市上很难看到杀羊的景象。一群沉默待死的羊，被围在数根木桩中，木桩与木桩之间是低矮的麻绳。

可是羊群集中在中间，没有一只羊想跳过麻绳跑掉。杀羊的人随意地拖了一只出来，它才细细地叫上几声，可喉咙马上就被锋利的长刀割开，血即刻喷涌出来。经常有小孩拿了碗，里面扔几颗粗盐粒，接了热乎乎的羊血就喝。据说很补身子，可看得我毛骨悚然。用剃刀刮了皮上的毛，用斧头劈成大块的羊肉就摆上案板卖，而羊头就在旁边用土名叫火鸡的手握喷火器煺毛烤个半熟。都说羊头熬汤很好喝，但我不知道是什么味道，因为一般人家没人买羊头回去，处理起来实在太麻烦了。

如果是初一、十五，或者是佛祖诞辰，我就不得不在两东的龙尾王爷庙或者高地的祖师爷庙里多待一会了。这时会有很多到庙里拜神求签的人，多为家里的主妇，从早到晚都有。她们在地上铺开香锭纸烛，摆好生果糕饼，或者一只烧鸡、一刀猪肉，跪在这些送给神的礼物后面，低声倾诉所祈之事，再摇动签筒，直至有一支签掉落，然后抛掷两片半圆对合的筊杯测定此签是否神的旨意，最后才把符合神意的签号交给神庙旁的解签先生，由先生解释签文意义，所祈之事的凶吉臧否都在这小小的一支竹签内。过程繁琐，连我在旁观看都觉得麻烦。但善良淳朴的甲子妇女为家庭安吉乐此不疲，并将其作为生活中的一件大事。

要是走得远些，到港口旁的妈祖庙，光庙里的雕塑和墙画就能打发掉半天！有时碰上渔船归港，那就更有的看了。海里面，大船在船上、码头十几人紧张而有序的各色呐喊声指挥下缓缓靠岸，船上海员跑来跑去忙着下锚、开舱门，唤作“叶仔”的小船在大船和码头之间来回穿梭运送渔获。港口上，戴着尖顶大斗笠的妇女两人一伙抬着装鱼的大铁盘，到固定的地方去过秤、加冰，还有的挑着饮食给上岸的船员送餐。空气里海风带来的都是鱼腥味，耳朵里灌满了各色喊叫声，满目都是五光十色的各式人和鱼。不提早出门完全不够时间！

有时上学途中，会遇上出殡的队伍。着黑的孝子手扶棺木，穿白的孝妇哭哭啼啼，亲戚按照五服亲疏穿着青黄白等不同颜色的孝服，族中已婚的妇女还系着绿色蓝色的长裙，一手打着黑雨伞，一手抓着白毛巾。八音锣鼓喧嚣中，唢呐声一声悲似一声，孝妇按照节拍，在唢呐声低沉的间歇高声哭号。出殡队列经过的集市，店家和顾客照样讨价还价，有人走到路口看看是谁家的白事，更多的人依旧喧喧闹闹来来往往。这个小镇的人们并不是冷漠，而是对于生死有他们独特的概念。

在整个小学期间，我上学的路上几乎都是这样有着不同内容，每天看见不同的人、事和物。我很奇怪的是，即便这样贪玩随性，小学时我的成绩却非常好，经常是全年级第一，学期末生病了不想去考试，老师专门骑了单车来家里接我去参加。因为我去考试的话，班里的平均分会多零点几。也幸好如此，老师和大人对我一直都非常放心，迟到一会或者不上早读都不以为然，我才能一直傻里傻气地穿越半个小镇去上学，看那么多不同的有趣事物，听不同的人吵吵闹闹地说话。

至升上初中，我到甲子中学去读书了。路程较远，甲子中学当时又算比较偏僻，我就不再单独走路去上学了，改骑自行车。至此，我的寻宝一样的上学之路就结束了。三十年转眼过去了，那个曾经傻乎乎地花上半天时间，一动不动地站在喧闹街市中，看铁铺老板儿子把一截通红铁条弯成链条一节的小孩，已长成了大人，从未再在路上停下来，看一件外人看来毫无趣味，对他来说激动不已的事了。一晃三十年。

坟

我还很年轻，年轻得没有资格诉说乡愁。可是离开了，还有怀念，便是一种惆怅的眷念。这种眷念，若是越走越远，离开越久，等到有一天，想回忆时，却记不起些许细节，方能酝酿成“愁”罢。可无论怀念一个地方，还是一件事物、一个人，有时无关时间的长短，空间的离聚，这酝酿的程度足够了，忧愁就生成了，与游子、白发、佳节、浊酒等等敏感词汇无关，也不在乎是兰舟催发一别，还是杨柳春风十年。趁今夜里一点感触，想起故乡的野外田间，逝者长眠的坟地，因此用了这个题目。毕竟乡愁往往就是一方矮矮的坟墓，对于游子而言。

坟墓在荒野和田间，逝去的人长眠于地下，不知道外面的风和雨，树木如何长出嫩芽，一片片的草叶如何抽长又枯萎，茂盛和老去。对于地下的人，时间与季节没有丝毫价值，因为他们生命的钟表已经停止了，所以这些景象，只是给活着的人看的。

活着的人中有些是过路的，他们匆匆从坟边走过，并不停留，这些景象没有什么能引起他注意的，看一眼就过去了。地方人口不少，故周边田野的坟墓也多，临近的有些乡村，阡陌、村路旁的空地，密密麻麻地挤着灰白色深浅不一的坟墓，这景色实在是平常不过。等这过路客想看一眼柳长草短时，这个人或也躺在某一处黄土之下了。

也有注意到的。有些是来拜祭的，像清明时节，坟中人的亲戚后代，将掩盖墓碑的杂草清除了，把或大或小的石碑上的祖宗名讳用红漆油描了，在碑前的石桌或空地上摆上祭品，点了香跪下来，将年岁里家中大事告知了逝者，再祈求祖先庇佑全家。将香插在碑顶的土块中后，在等待祖先享用祭品，尚未焚燃纸钱冥币时，一点寂寞和冷清中，便看了周遭的景象，必与亲戚说起这坟墓的四周，某某处青草茂密，每年来必要花费大力气清除，离坟不远某处有一棵野树，前年来时还只有半人高，而今已经冠叶荫荫。说的是草木，却也是说年月。若坟墓中安息的不是隔代去朝的老祖，而是自己认识的家族先人，必定会说到这坟冢中的逝者，在生时的种种，妇人们记起此人好处，也会感伤一阵。男人也有伤感，但照例又说到草木地势上去了。

说到这，想起故乡一句俗语。甲子人不说一个人去世、死去多少年，而是说，某某人走去“匿”多少年了。好像逝去是一件很惬意的事情，要一个人悄悄走开，藏匿起来享受。另一方面，“匿”又有逃避的意味，仿佛说逝者避开了阳世的繁华，独守冷清，有些不忍的意味。看似矛盾，其实也不矛盾罢。毕竟这“匿”的滋味，看风景人不知，风景中的人却不言语了。

此外，会注意到这景象的，就是那些如我一般，带了少许思乡念故人的惆怅的人了罢。

清明是在春夏时节，草木毕竟繁盛。若是秋冬，枯树黄草，看了不免更增眷怀。去年过年时节，我回到故乡，和友人到复元寺转了一圈。看了几眼，没甚可观，我就先出来在门外等候。记起舅父坟墓，就在复元寺后，我便在寺后纵横排列的累累坟墓中略略寻找了一下，只记得大略位置，坟墓又皆相似，没有找到。友人催促，便折返回去了。记得复元寺右侧有一大树，当时正值初冬，叶片落尽，枝条虬结。站于树下极目看去，只见坟冢累累沿坡势上下排列，坟墓之间野草枯黄，有的不止半人高，随风起伏，如流沙之声，矮山巨石点缀其间，或土黄，或灰褐，更添萧条悲感。“一年将尽夜，万里未归人。”今夜里写下这些文字时，更感到这两句诗的无言感伤。这未归人，不仅仅是如你我一般的游子，更有逝去的故人。我们只是说着未归未归，他们却是再无归去了。

想起逝去的舅父，已经躺在这寺后黄土中三十余年了。他逝世时不到三十岁，而那时我还只是五岁的孩童，因舅父去世时尚未结婚没有留下子裔，他又是祖父独子，我便承了香火，过继给舅父。转眼三十多年过去了，活着的人离开故乡千里之外，家与故乡遥不可及久久方一归回。逝去的人睡在黄土中，家与故乡近在咫尺却再也无法归去。更让我悲伤的是，就在去年过年之前，我祖父身体状况大不佳，医生确诊只有数月生命。当时于萧条景色中，想起二十余年前，祖父白发人送黑发人的悲恸场景，再想到我慈爱的祖父，将在数月后与早逝的舅父相会于地下，胸口似乎巨石堰塞，欲语无声，欲哭无泪，心中悲伤无法言表，断肠之痛也不过如此。

祖父于今年四月去世了。我和父亲、母亲，以及一位姨丈，在六月间再去祖父的墓上看了。初失至亲的悲痛已过去了，更多的是怀念。新添的坟土下过几次雨，已经冒出了许多嫩绿草芽，在周围半人高的野草中，却显得十分突兀。不远处是挂满果实和花朵的果树，清香扑鼻，蜜蜂蝴蝶往来不绝，嗡嗡作响。树与树之间，是一条小道，被茂密低矮的树冠遮掩，不知延至何处。祖父一生爱花木自然，此处草木幽静，当合心愿。可想起过年时在复元寺所看景象，又不禁悲从中来。

祖父生前，从不谈及舅父一事一言。我在整理祖父遗物时，找出祖父一个笔记本，笔迹凌乱地写着许多字句，都是纪念舅父的文字，有的几段话，有的就几个字，还有几首诗，记得一首的开头是这样的，“爱儿逝世已数月”。据母亲说，舅父去世之后，祖父从没有到舅父坟上看过，只怕伤心不可抑制。现在，祖父与舅父，都安息在故乡的黄土下了，这对多年没见的父子，或会相遇在黄泉某处罢。

现在走过故乡的荒野田间，看见那些逝者长眠的坟地，心中的感触与以往不太相同。一个许久，或一年或半载，才回一次家、回一次故乡的年轻的远行人，看见这些故乡逝者在阴世的低矮房屋，以及坟头恣意生长的野草，还有露出土层的石头不经意的反射，使远方并不高大的山丘上闪烁的阳光，听见坟墓周围的树木叶子被风吹过，沙沙作响，内心却也有了种种关于人世、年月，以及故乡、故人的体会。其实不用走多远，离开多久，某一天回忆起故人故事时，有了怀念的惆怅，时间的长短与空间的离聚，便足够使这惆怅情感酝酿成乡愁。乡愁往往就是一方矮矮的坟墓。

己亥開歲
凱澤

姨妈与幻想诗

我有三个姨妈，加上亲妈，一共四姐妹。这四姐妹都是老师，也都是很聪明的人。

比如我妈，记忆力超群，以前我找她问亲友手机、家里电话，她都是马上背出来的，从不用查电话本。现在上了点年纪背号码的绝技差了点，但也是自带通讯录功能，一秒就能排查出两个看似毫无关系的人的远亲身份，中间有时相隔十几重内亲外戚，当事人之前想都没想到。二姨年轻时做得一手好针线，不管杂志上还是电影里的什么服装款式，看上一眼回家就能做出来。三姨教书时是远近闻名的数学老师，心算了得，长期教毕业班，还辅导学生得过全国奥林匹克奖。小姨是她们那个年代，从乡下考到外省的“名人”，现在是个大学老师。我这几个姨妈的聪明才智，对于她们成长的乡村环境以及时代而言，很了不起了。

这几个聪明的姨妈，经常随意一句，已是惊人之语。她们聚一起说话时，偶尔会调侃地夸对方“善天益地”。文绉绉的，挺别致，所以我也记住了。一日家人微信群里，大家在夸我妈能干，我便发了一句“善天益地”调侃一下。

没想到，我妈回了我一句“是掀天揭地”，又说这来自胡大川的幻想诗里一句，并打了那句诗发出来，“揭地掀天为事业，翻江倒海泻文章”。我还没来得及惊讶，我的二姨，把整首诗逐字打了发出来，又连着用语音，背了好几首胡大川的诗。我的小姨妈从网上，找到胡大川幻想诗全篇，贴了上来。几个姨妈，开心地讨论起了幻想诗。

胡大川何许人也？清代嘉庆年间四川的一个普普通通的举人，写过十五首诗，皆充满浪漫幻想的字句。其诗当时籍籍无名，直至民国时被其后人带至日本，并再传回国内，才在国内传播过一阵，但现在知道的人可不多了。我这几个姨妈，聪明是聪明了点，可也没听说对诗词还有研究，怎么会对胡大川的幻想诗，如此熟悉呢？难道这几个姨妈，以前还一起学过写诗？

二姨妈自己交代了。“文革”后期的特殊年代，无书可读，四姐妹都失学在家，便从渔网厂里领来原料，就在家中大厅织渔网，既是补贴生活，也是打发时日。当时的姨妈们还都是半大小孩，织渔网织久了也无聊，手上忙着，嘴巴还闲着，于是就背课文。原来上学的时候，年级有高有低，在这里就一视同仁了，不管什么内容，分别把以前上学时候学的语文课文一篇篇背诵出来。时间一久，都能背下来了，就四人齐声背诵。因我家订了份《光明日报》，我外祖父的挚友、家乡著名文人刘振亚先生，每天便到家中看报。那时候物资紧张，茶叶也金贵得很，但刘先生来了祖父就会泡上茶。刘先生除了看报，就是和我外祖父聊聊天。两人都是文化人，聊得来。外祖父原是中学语文教师，“文革”期间被打成黑帮，书也教不了了，只能在学校里负责敲钟、喂猪。在我家看报、喝茶之余，刘先生闲来无事时，看着几个小姑娘天天背课文，就给姨妈们教这胡大川的诗，他一句句念，姨妈们就一句句跟着背。她们一边织网，一边就把胡大川的十五首七言律诗全背下来了。

当时的姨妈们，是才十来岁的小姑娘。近五十年过去了，因后辈一句无心的话，引出她们半世纪前的回忆——她们也把这些幻想诗，记了近五十年。

刘振亚先生读过南京大学，曾为同盟会会员，号“大同氏”，是家乡旧时有名的知识分子。我推测，刘先生应该是在读大学时，接触到胡大川的幻想诗的。可在“文革”末期的时代和社会环境里，刘先生为什么会突发奇想教我的姨妈们背诵幻想诗？是因为看这几个聪慧的姑娘无书可读，以背课文打发时间，所以让她们背背诗词学点知识，聊以借慰？还是用诗中“好花常令朝朝艳，明月何妨夜夜圆”的愿望，鼓励这几姐妹乃至她们一家？或是借诗中随心幻境之意，向几个小姑娘们诉说当时时代的奇异之处？又或者，在一个魔幻的时代即将结束时，对新的时代和社会是否也有“但愿百年无病苦，不教一息有愁魔”的祈盼？

而我的姨妈们，当时能否知道诗中的意义与身处的境况？当年学习成绩皆优异的她们，才小学就无书可读，织渔网、背课文，用以消遣的只能是背诵与自己、与当时的社会完全无关的幻想诗，心中意味又如何？待到拨乱反正、改革开放，已成年的她们都接连报读了各类大学专科，并分别成为大、中、小学的教师后，回想起当时织网背诗的往事，又是何心境？再大胆设想一下，如果我聪明的姨妈们读书成长时，能够在现在的时代，得到良好的教育，她们能取得什么样的成就？

刘振亚先生已仙逝。而当年背幻想诗的小姑娘们，现在也已退休或将退休，都有着安宁的生活。上面那些问题，无须再问了。

姨妈们带着笑意发语音，纷纷回忆当年背下的诗句，向子侄们炫耀自己过人的记忆。“一双笑眼常无泪，百岁童颜不作翁。”五十年前，一个风波未平的海岬边镇，一处孤寂小屋中，四个小姑娘一边拿着网梭织补渔网，一边在一位曾在远方了解过先进思想，碰巧知道胡大川幻想诗的乡村文人的教授下，同声吟诵与当时的时代、生活毫无关系，同时又充满离奇想象的诗句。这个充满魔幻现实主义的场景，因一句不甚出名的旧诗中的几个字，而被当时还没出生的我，在半个世纪后知悉。仿佛隔着一只古旧而依然清晰的望远镜，将故乡、故人、往事、时代等等支离破碎的事物，糅合在一起而重新拼接成旧貌，在五十年后一并显现出来。

姨妈们的“福建话”

我的母亲和三个姨妈，于 1963 年独立自主发明了一种语言，她们称之为“福建话”。

那时我的母亲，也就是四姐妹里的大姐，年仅 10 岁，最小的姨妈也就 5 岁。这个年龄放在现在，也就是刚刚开始学拼音，顶多会说几句英语口语。但是当时的她们已经发明了一种新语言，并且在日常生活中将其用来交流。不仅如此，她们发明“福建话”之前，一直生活在甲子这个小镇上，从来没有去过福建，甚至也不认识一个福建人、未听过一句福建话。而且我敢保证，绝对没有一个福建人能够听懂她们的“福建话”。

目前能够证明她们确实发明过“福建话”的为数不多的依据之一，是姨妈们仍然时不时用“福建话”起的外号互相称呼。比如四个姨妈里最小的一个，其外号发音为“吕相”，即甲子话中的“老四”转换了发音和声调。其实这套语言的主要规则，就是将甲子话里的每个字按照大概的规律，打乱清浊、变换声韵，有的还故意使用类似反切的规则，用声母更替原字的发音。现在姨妈们聊天时，还经常在不愿意外人知道的地方，故意用上一句半句“福建话”。如果掌握基本规律，再结合语境语义，也就能猜出一星半点意思。不过要像姨妈们那么熟练地掌握，张口就说、一听就懂，肯定得要在那么一个语言环境下，反复地长时间使用。

按照姨妈们的描述，一开始创造这种语言的环境或者说背景，就是“福建话”被发明出来的1963年，我的姨妈们租住的院子。

1963年，我的阿公带着怀孕的阿嬷以及四个女儿，在城内北门头一个郑家的“大门楼”（由一个门进出，有多间平房及院子的大院）里租了一间屋，隔开来成两个房间。这个大杂院住了四家人，人口众多，阿公一家是唯一的租客，其他几家都是同宗同族的，这院子的房屋是他们几家的祖产。当时阿公、阿嬷虽然都是老师，收入稳定，可是孩子多开销大，也没有自己的房子，只能长长短短地租房居住。在这个大院租房肯定比单门独户的便宜一些，所以虽然杂乱，但他们也不以为意。而且没多久，阿公和阿嬷的小儿子出世了，这个新生命的到来也让家里开心不已，虽然家里事情更加繁忙，但氛围很是欢愉的。我的老嬷（阿公的母亲）也来到家中，照顾新生儿。

但是那一年，“四清”运动开始了。我阿公因为家族祖上曾经有过几亩薄田，便早就被定成地主成分，运动一来，家里在政治上的压力便极大。老嬷是“地主婆”，自然不能和我阿公一起住，要划清界限，只能回到乡下的老家。然后先是阿公长期晚上回不了家，除了办公，还需要在学校参加各种活动、写整改材料，接着便到县城参加了几个月的集中学习班。阿公回来后没多久，阿嬷又被组织到县城参加学习班。这一年，刚出生的小儿子没有人带，家务也没人做，只能请亲戚来帮助。先后请了四个人来帮忙，但因种种原因，都没能干长久。从最后一个来帮忙的亲戚离开，到阿嬷回家期间，家庭各项事情的重任，一时就落在我母亲和几个妹妹的肩上。

那时我母亲才十岁，就已经学会煮饭。托一家亲戚每天将米、菜买好拿到家中来，我母亲便洗菜、切肉用来炊食。我母亲回忆说，猪肉都是托人买一刀切的一小条五花肉。要把瘦肉剔下来剁成肉糊，给小妹和小弟煮粥，剩下的肥肉才用来煮青菜。当时大院天井中有个井，每天我母亲和九岁的二姨便合力从井中用木桶打水，二姨还负责洗全家的衣服。三姨六岁，经常要穿过半个镇子，到后溪的一家亲戚家拿托买的鱼，拿回家还要悄悄地煮来吃，不愿让邻居知道。几个小孩过家家一样地生活，这其中的艰辛难以想象。我小姨说她那时皮肤经常粗糙爆裂，后来阿嫲回家后带她去看医生，说是严重营养不良，后来按照医生的吩咐用肥猪肉煮红糖，吃了几次就好了。即便如此，一旦有了点好吃的东西，母亲她们就会留下一小份，跑到乡下送给老嫲吃。有一个星期六，镇上的大街开夜市，刚好阿公难得回来家中，便给了孩子们一毛钱去逛一逛。母亲她们用这一毛钱买了五粒鸡仔饼，两个最小的弟妹一人一个，三个姐姐分着吃了一个，余下的两个第二天就送给乡下的老嫲。

对于几姐妹而言，除了家务、照顾刚出生弟弟的任务，作为地主的子女，而且是大院里的唯一一户租客，大人又长期不在家，还要忍受外人特别是住一个大院的邻居欺侮和白眼。听我一个姨妈说，尤其是大院邻居中一个从外地嫁过来的妇女，野蛮泼辣，经常无故欺负她们几姐妹。阿公、阿嫲知道几个小孩在家受到欺负，也没有什么办法，只能托人反复交代她们“小心谨慎”“勿乱说话”。

但院子就那么大，居住的人又多，别人的眼睛都盯着后脊梁，耳朵就挂在自家的窗口，哪有可能整天躲起来一句话不说？于是她们就先给周近的人、常提及的东西起个自己才懂的外号，用来代指。

慢慢地外号不够用了，而且每说一件新的事物都要起一个别名，也不好记。她们就把甲子话，按照大概的规律进行转音变调，来称呼不想让人知道的东西和事情。比如把“三”读成“袭”，把“四”读成“相”，把“人”读成“泥”。这样想告诉姐妹们院子里有三四个人，就说“袭相泥”便行了。幸亏阿公是语文教师，教过她们有关韵律、反切的一些简单知识，加上她们几姐妹的聪明才智，才能有这样的发明。这种话即使被人听到了一句半句，肯定也是一头雾水，不知道几姐妹在说什么。有时要在邻居不知晓时做点什么事情，比如趁邻居走开赶紧打几桶水洗衣服，也可用这新发明的话来交流。于是，时间久了，这“福建话”慢慢地就变成了只有几姐妹知道的一种新的语言。

这种语言听起来像带了异地口音的外乡话，而且因为刻意的变调，声调忽高忽低，说起来佶屈聱牙。她们认为类似想象中的福建口音，便将其命名为“福建话”。发明初期，“福建话”的使用范围只有她们四姐妹，后来阿公、阿嫲也略懂一点点，能够在日常生活中简单使用。但这种语言传播的范围也就局限于此了，除此之外街市中并没有人知道这种语言。发明“福建话”的主要目的，不正是为了让别人听不懂吗？

“福建话”在随后的几年里，发挥了巨大的作用。1963 年底，阿公又另租了城内西北的刘厝大巷一个大门楼里一间房。姨妈们回忆，这个门楼里的邻居待她们一家很好，且都是贫下中农，不理会社会上的变革，尊重阿公和阿嫲是文化人，看这家中经常是几个小孩当家，便时常送来一些自家种的青菜、豆类。1966 年，阿公学校的一群人到刘厝大巷的家中抄家，当时阿公、阿嫲都没在家，我母亲、二姨和小姨也都上学或外出了，家中只有九岁的三姨和刚满一岁的舅舅。邻居一个妇女把舅舅抱回家中照顾，另一位阿婆并拿了花生安抚大哭不止的三姨。还有阿公一个名叫刘祥忠的学生，也经常想方设法照顾她们一家。在那时，这种帮助照顾是要冒着风险的。为了不让外人知晓，家中谈论涉及的这些事情时，也不敢公开说，便给这些邻居、学生都起了代号，用“福建话”相互交流。

随着各类运动越来越多，阿公也不能教书了，连家都不能回，天天在学校接受教育。我母亲和二姨妈做完家务后，便时不时上街去看大字报，看看有没有写阿公的。她们那时识的字也不多，只能记住上面认识的字，回来后将了解的大概意思，告诉给阿嬷。我母亲还会去打听哪天有批斗会，都批斗谁，如果有批斗阿公的，便回来告知家里，选出代表，趁机偷偷去会场看看许久不见的父亲。虽然邻居都是淳朴善良的好人，可要说这些悄悄话，或者讨论到家里的事情，用“福建话”是最妥当的。我母亲回忆，阿公被关押在镇上的治安指挥部时，每天要我母亲去送餐，阿公一个学生名叫刘汝忠的，经常偷偷拿了几支香烟躲在附近，托我母亲拿进去给阿公。用“福建话”来向家中汇报这些事，也可以为那些好心人避免许多不必要的麻烦。

1967 年，阿公被定为走“白专道路”的“反动学术权威”，被送到县城的龙山中学封闭起来。在当时的环境下，这对阿嬷她们，是一种身份的定性。用姨妈们的话说，在外连走路都是低着头，更别提与人说话了。回到大院，要说到与阿公相关的事情，也只能悄悄地用“福建话”说上几句。过了一段时间，传来消息说，住在我阿公隔壁房间一位姓苏的老师，受不了折磨，割舌自尽了。阿嬷想尽办法，在香烟里藏进纸条，写信托她一个妹妹带给阿公，叫他相信组织，一定要坚强，一家人等他回家。阿公在龙山中学住了一年，总算是平安回来，这香烟里的纸条功不可没。

现在回想起来，我的阿嬷非常不容易！阿嬷的父亲，是从普宁洪阳到甲子创业的外地人，主营酱料，号头唤作“源丰酱园”，产品远销南洋、国内多地。新中国成立前后，镇子上最繁华的商业街，有半条街的店铺、房屋都是家里的产业。生了八女二男，不论男女都上学读书，这在当时极为不易了。我阿嬷是十个兄弟姐妹里的大姐，可以说是自小养尊处优的大小姐。没想到嫁给阿公这个地主仔，竟要租屋居住，还在社会上受歧视。据说当时一些像阿嬷这样有职业、经济能独立的女性纷纷与家庭中成分不好的男人离婚，有的连小孩都不要了。但阿嬷带着一群小孩，在最艰难的时候，将这个家完整地维持了下来。这其中有多少苦难，或许只有那时家中母女几个悄悄交流的“福建话”，才能诉说清楚了。

阿公回来后立即被下放到甲西镇的天湖农场接受监督劳动，每天的工作任务是放牛、放鹅。农场的农民有知道阿公的，觉得这么一个知识分子来农场干活太可怜，经常偷偷照顾他。排工时，就让阿公带着书去放牛，这样可以一边看书一边上工。这对阿公而言，或许是那个时代能够得到的最大的尊重。农场的好多农民都对阿公非常好，有一个我们唤作喜通叔公的，更成为阿公的好友，乃至我家的世交。1968 年，运动松懈了些，阿公总算返回甲子，回到原来教书的中学。但是，书是教不成了，只能负责誊写、印刷试卷，以及敲钟、喂猪。不过毕竟是能回家了。据我母亲回忆，即使街市上已经没有太多的运动的迹象，一家人还是担惊受怕，要说点悄悄话，也经常用“福建话”，生怕被人听了去，稍微有点风吹草动就提心吊胆好几天。

原以为一家就此能团聚了，没想到 1969 年，阿嬷又被派到甲西镇新饶村的小学去教书。新饶离甲子虽然不足十公里，但那时算偏僻的，也没有交通工具能到达，走路回家要一整晌，不可能天天回家。阿嫲只能带了小儿子一起去，而正在读三年级的三姨也只能辍学，到新饶照顾小弟。三姨回忆说，当时母子三人住在村子里一个祠堂角落一间五、六平方米的小房子里，吃饭是在附近一家农民家中搭食，非常艰苦。两年后，阿嫲又被改派到欧华小学，也是在荒郊野岭的乡下，条件比起新饶也好不到哪里去。

阿嫲到新饶后，家庭的重任就全部交到才十几岁的母亲和二姨妈身上。我母亲经常说她十五岁就当家，和二姨妈两个人把家里料理得妥妥帖帖，连家里一应开支所用的钱都是这两个十来岁小孩子管的，还做绣花、裁缝衣料等手工补贴家用。“福建话”还在继续用，尤其是说到在新饶的母亲、三妹和小弟时。姨妈们还说，那时家中拮据，经常缺衣少食，但这几个有骨气的姐妹们，从不在外人面前显露出来。出去也尽量穿上整洁的衣裳，而衣服即使打补丁也会变着花样地用相近的布料、带花纹的针脚来装饰。谈论到家里的困难、没钱买什么东西时，也是会用“福建话”，不愿意让别人知道。

至 1973 年，阿公总算平反了，被批准能继续教书。接到消息，母亲和姨妈们欣喜若狂，连夜将几件旧衣拆了给她们的父亲做了一身新衣裳，让阿公穿着新衣回到心爱的讲台。也是同一年，阿嫲做了一生中最勇敢的一次抗争，找到镇上教育部门的领导，要求调回甲子照顾家庭。那人说：“谁叫你嫁个地主仔？”阿嫲反驳说：“毛主席说过：‘出身不由己，道路可选择！’”经过一段时间的争取，镇上总算同意阿嫲调回甲子元高小学教书。在阿嫲去新饶近四年之后，一家人终于又在一起了。这一年起，阿公带着一家又另外在城内林厝大门楼租了房子，开始了新的生活。

从那时起，一家人才算是真正地团聚了。交流中“福建话”也少了很多用处，许多话都可以光明正大地说了。再过几年，我的小姨、舅父都考上了大学，家里也在城内的狮头巷盖了一个带院子的二层小屋。家里的好事情慢慢地越来越多了，再也不需要用“福建话”来交流了。

这几年时间，对这受尽各种艰难困苦的一家人，均是非常大的锻炼和考验。阿公和阿嫲自不必说，那些繁重家务也不用提，就说几姐妹的学业吧。母亲和二姨都放弃了学业，且因身份不能读初中，一直到多年后才通过自学再参加初、高中的考试，并考取了成人大学。三姨去新饶时读的是三年级，回来后在我母亲鼓励和补习下，到五年级去插班，后来比我小姨还晚一年高中毕业。这是几姐妹为了家庭作出极大贡献的一个见证。这几年，让我的母亲和姨妈们都变得独立、坚强。她们发明的“福建话”，也成为那些年特殊经历和磨难的最好注脚。

一转眼五十年过去了，我的母亲和姨妈们都有了安定幸福的生活。这几姐妹见面聊天时偶尔用到“福建话”，更多的是相互调侃，比如亲昵地称呼外号，或者说说姐妹的体己话时用来保密。我们对这种语言感到好奇，或者央求她们解释某一个我们听不懂的词语的意思时，她们总是大笑，说现在不用说“福建话”了，学了也没用，从来不愿意告诉我们。那就算了吧，只要记住在粤东海边这个唤作甲子的小渔村里，曾经有过一个历经磨难的家庭，这家中几个坚强的小姑娘，确实发明了这么一种“福建话”，也就行了。时代和社会早已经改变了，不论认识还是不认识的，街市上都是友善和亲切的面孔。这种只有她们几个会说的“福建话”，再也没有存在的必要了。

医生

在甲子当医生是受人尊敬的。甲子人只称呼三种人为先生：看风水的阴阳先生，学校的教书先生，还有就是看病的先生。笼统而言，只有掌管人生命运的，才能称之为先生——老师教书也是可以更改个人运命的，一运二命三风水，四积阴德五读书。在旧时，对于一个闭塞、落后的海岬边镇而言，文化是很神圣的一种东西。这些文化人掌管着小镇上人们的生死、运命、前程和安康，所以担得起先生的称谓。

医生和其他两种先生还有不同。学风水起码三年出师，能看罗盘能定分金。这个糊弄不了人！人家盖个房子，请了先生定的朝向、格局有问题，懂行的人过来一看，客气的说一句“先生罗盘比较新”，不客气的直接就说“先生还不懂宇宙”！或者为别人先祖造个阴宅、看个福地，稍有偏差，万一别人子孙出个什么事，非说是因为风水有问题，按照风俗传统，责任就相当大了，有时候还会涉及先生的人身安全。老师也不用说，没有水平怎么教书？何况教书育人的事，大家对教书先生的文化、品德等等的标准也更高。先生有水平，能带出好学生的，家长学生们自然尊敬，街上见到老师，马上拿下嘴角的烟，刹住摩托车问句好。老师课讲得不好，或者品行有点什么问题，都不用学生家长出手，有时候学生就亲自组团进行教育了，哪怕是体育老师。我镇民风淳朴，群众眼睛里面都揉不得沙子。

但医生就不同了。可以正正经经读上十年、八年医学院，到医院里当个正牌先生，或者自己开个诊所，中医、西医的都有。传统的中医诊所，多是老中医镇馆，鹤发童颜，几十年来经手疑难杂症，经验丰富，活人无数。诊所内设古色古香的大药柜，有年代了，林林总总上百个小抽屉，药香四溢。病人进门就觉得病好了一半。老先生再号一号脉，用钢笔开出一贴方子，伙计用黄铜小秤抓好药，再用毛边纸一包、麻绳一扎。这充满仪式感的药包病人一拿上手，顿时人就好了七八分。有些中药铺，也兼做医馆。有个简单的头痛额热，向中药铺的先生、伙计说一说，也能开个方子取一帖药，反正大致都是能治好的。中药铺门额上写着“来之则安”，错不了的。

传统上甲子的医生，尤其是中医，一定要会点文或者会点武。先生多是文化人，具备会文的条件，大体上多多少少会点诗词书画等。一个先生会诗词，是很符合身份地位的，也是同文化层次的文友来往酬唱的必须。就是现在，甲子也有几个医生写得一手好诗词，在国内、省内都小有名气的。我的一位长辈也是医生，工诗词，有句吟谭嗣同云：“文章潇洒书生泪，风雨从容志士头。”字字写实，而深意更在句外，吟之满口留香。书画也是很多医生擅长的，普通的可以写副“但愿世间人无病，哪怕架上药生尘”的对联贴在门口，水平高点的都成名成家，而其书画因作者的先生身份，更有一层尊贵意味。会点乐器，操琴抚箫，或者下下象棋、围棋，打打谜猜，也是医生会文的选择，符合民众对先生形象的设想。甲子以往下象棋、打谜猜的氛围很浓，中秋、元宵时经常会在公园组织比赛，有几个医生都是佼佼者。

会武的也不少见。中医与武术本就是联系密切，甲子又武风昌盛，多有世家、名家，自然有医生习武，不少医生都是甲子的武术名家。尤其是治疗跌打损伤的，不会点武术，给人的印象就不够专业。我有一个表弟习练拳术多年，目前刚从医学院毕业当医生。一次家庭聚会时他兴起耍了一套拳，长辈们都拊掌欣慰："像个先生样子。"其实他是学泌尿的，应该学学腿法专攻下三路。医者意也，你不知道怎么打别人，怎么知道被人打了怎么治，黄飞鸿不就会武术吗？这种看法还是比较辩证唯物的。尤其考虑到当前医患关系，医生会武术，也是防身之计，可以少配一些头盔和盾牌了。

有祖传从医的，父辈年老了，子孙后人学了汤头方子，也照样可以当先生。这类先生大多数不开方子，只卖"药散"，就是各类药品研磨成的散剂，小纸片包裹好。来人只需要报出病症，对症取药即可。而且因为传承的关系，这类先生极受老辈人推崇。某一种病用别的药，无论中药西药，都不能"断根"，也就是痊愈，或者觉得西药损身体、中药见效慢，只能到这些先生那里去，开出来三包两剂药散，一用见效。尤其是小孩子，带着去看病麻烦，要灌中药也不容易，西药又毒性太强。所以小孩有个小病痛，大人就到先生那里说一说小孩子如何如何了，求两包药散。回来取个干净汤匙，把药散用水化开，捏住小孩鼻子往嘴里一灌，再塞个冰糖，一般也就万事大吉了。

以前南门头竹器厂附近有个卖药散的先生，很有名气。他有个摊子，上面挂着一张写满主治病症的大白布，下面是各种装药的瓶瓶罐罐，多达上百个。先生是个中年的瘦高个，有一对有点不搭配的大耳朵，两鬓略有一点灰白。他平时在一旁坐一个小马扎，与人下象棋，棋桌就是一个榆木药箱。有生意了也不急着起身的，问了什么病状，挪开棋盘，打开药箱，取出一个小纸包即可。如有特殊的病情，先生才会起身将要用的药研磨成粉再加入，确保科学严谨。旋即回座继续对弈，棋路不断。其风度如此，果真不负先生之名。我读初中时曾经花了整整一个周末的下午在其摊前假装看棋，细细观看了他用药、磨药。发现所用的药丸、药片众多，还有一些皮肤外用药也是很多膏剂混合而成。而先生毫不慌乱，一边问着病情一边就从摊子上选出一大堆瓶瓶罐罐，将药片、中药放入一个黄铜的捣药钵中研磨片刻，转瞬药散就配好了。不由暗叹先生不好当，光是记住这些药放的位置就是大学问。

很多卖药散的先生，主要的产品是暑药，也就是治疗、预防中暑的药散。一般都是灰褐色的粉末，有一种特殊的清冽香气。热天时有时有点暑感，外感风寒、内伤饮食，觉得头晕乏力、有汗不出，吃一点这个暑药便会爽快很多。城内刘家、石狮李家所制暑药尤为验方，许多人家都是常备的。卖暑药的先生一般还会"捻暑"的功夫，也就是用指关节在颈肩等处刮痧。以往暑天时，常见大人小孩脖颈处几道红印，就是刚刚"捻"完暑的，现在不多见了。以前两东市场附近还有一家药铺卖晕车药散的，更为神奇。其广告称该药可以搅水吞服，也可以直接吸入鼻中，甚至可以化开后抹在太阳穴、肚脐等部位。药效作用部位非常之广，反正只要用在晕车人的身上就有效。不知是否如此灵验，也不知道味道如何？如果效果和味道都还过得去的话，建议制作成香水，晕车之人喷一喷就行了。另外，一些卖凉水也就是凉茶的小铺，也会捎带卖点药散。比如喉咙疼，到凉水铺要一碗"廿四味"凉茶，就可以让店家拿点清凉去火的药散，配着喝下去，据说效果更好。凉水铺的伙计都是半个先生。至于对不对症状，能不能治好，那就看个人造化和命理了。

以往甲子还有一个无人不知的医生，即甲子招待所107房的某老军医。该先生主治皮肤性病，其广告铺天盖地，遍布甲子每一根电线杆。广告内容四字一句，涵括各类病名和症状描述，稍稍押韵、朗朗上口，实乃小广告中的翘楚。我有一表哥当时年仅十来岁，但能全文背出这广告，且用朗诵腔吟诵，令人敬佩。但我实在不好意思站在电线杆下看着这个广告背诵，所以一直只能记得吉光片羽。该表兄即刚才所说到的泌尿科医生的哥哥，可见因果福报不爽。

除了上面这些医生外，甲子还有其他求医问药的处所。地方宗教、神佛之道繁盛，一批通神之人也广受崇拜。尤其是中老年妇女，对此颇为虔诚。生了病去找庙祝、神婆等等通神者的，不是一些不碍事的小病小痛，就是医院已经束手无策的绝症。拜了香、求了神，神明自然会赐下符咒来，添了香油钱后，就可以拿回家，按照嘱咐或者是将写了咒语的“符头”（神符）烧成灰放入水中饮用，或者是放置在家里门顶、床脚等等某一隐蔽处，也有的是用病人的一件衣服拿到神坛“化解”等等，剩下的就是祈祷病情好转了。甲子所内的真君庙，还有“药签诗”，信徒跪拜向保生大帝说清某某处何人犯何疾，现在情况如何如何后，摇动签筒看哪一支签掉落，再反复掷“圣杯”（掷筊）确定是否神意，根据确定的签号到庙祝处相应取药方，最后到药店依方开药。甲子人称之为“暗茶”，意思是神佛暗中赐送的药茶。这些都颇有近古时期医巫合一的风范。可以说是迷信，也可以说是求得一份心理慰藉，或者也是走投无路者的一丝希望。但也确确实实有重病之人喝了符水、暗茶病情好转甚至痊愈的，这更让神佛添了一份荣光，让绝望者虔诚皈依。这其中的道理，更不是医药、意志、运命、宗教等等可以说清，只有生于斯、长于斯的甲子人才能理解得了。

妇女

“妇女”这个词在甲子话中的意义，与汉语词典中妇女的含义不完全相同。甲子人所称的妇女，不包括所有的成年女性，只是特指那些结了婚，特别是做了母亲，年龄一般在三十多、四十多岁的女性。可以视作是“姿娘”——也就是女孩子的反义词。再上点年纪的，也可以称作妇女，但一般的习俗就多称作“嬷人”了。在甲子切莫称呼年轻女子为妇女！至少遭一顿白眼。要是称作嬷人，如果不是熟人开玩笑，就具有一定危险性了。泛泛而论，已经做了妻子、成为母亲的女性，一般就可以称作妇女了，与古汉语中的“妇”接近。

这个词在三甲地区普遍使用。比如春秋两祭在祠堂祭祀祖先时，家族中的尊长燃了香后，就先吆喝一声“妇女退后，各房头擎香”。布置完贡品的妇女们，就要纷纷退到堂下的空地上，等各房头的男人们敬香、祭酒后，再随之跪拜在祖先牌位前。这是现在，以前的普通妇女是不让随便参加祭祖这样的仪典的。小女孩，也就是姿娘仔，拘束反倒没有那么多，可以随大人四处来去。但是结了婚，做了母亲，成了一个妇女，就要懂礼数了，拘束和职责一齐增多起来。

早先时候甲子人家吃饭，许多都是男人先吃完，妇女小孩再上桌的，或者妇女就在厨房或灶头端着碗扒拉几口，现在才少见了。

以前结了婚的妇女，是没有名字的！别人称呼妇女，就叫她的姓，一个字就代表了这个人，和古代称妇人为某氏一样。可以按照娘家的地名代指妇女，比如叫妇女为新寨，意思就是代表“从新寨村嫁过来的妇女”。还可以随夫家而命名，比如李三的老婆，就称为“李三的”。以前的大家族，媳妇娶进门后，还要重新给她起个名字，方便家里人称呼，她以前的名字就不用了！这都是地方的习俗和传统，人人都觉得理所应当的。

既然是妇女了，家庭就成了她们主要考虑的事情。平心而论，甲子的妇女是最辛苦的。传统的妇女，就是家庭妇女，每日主要任务就是料理琐琐碎碎的家务。上有公婆，下有“奴仔”（小孩子），许多大家族还不分家，家中一二十口人是常见的，妇女作为家务主要劳动力，确实辛苦。

甲子男人，习俗上普遍是不参与家务事的。每名成年男子按照规定，配备茶壶茶杯若干，并在家中客厅沙发中设置一专属位置，每日施施然就座泡茶，与访客闲人聊天，非三餐或赴牌约，不轻易离开。而妇女一起床就要“炊食”（做饭），还要打扫家内外卫生。甲子有一种长柄的地刷，别处很少看到。妇女每天早上，先打扫家中，再打大桶的水泼在门外的水泥地或砖地上，用这种长柄地刷用力刷地。在甲子大街小巷，每天清早都能听到妇女们急促有力刷地板的声音，然后是卖豆花的叫卖声，最后晨光才越过海边的待渡山上的小塔，这才开始甲子喧嚣的一天。甲子人夸奖妇女爱干净，会说这个妇女家中“土脚好做粿”，意思就是“地板干净得可以在上面揉面做粿”。可见标准之高！以前妇女要到河沟、水库或者池塘挑水，供家庭饮用、清洗。这也是个力气活，现在都通了水龙也就是自来水了，解放了多少妇女。以前的妇女因为终日挑水落下病症的很多。还有洗衣服，无论寒冬溽夏，提着大衣篮到河边、水库、池塘洗衣服，确是苦差事。“如匪浣衣”的感觉，妇女才有切肤之感。

三餐买菜炊食，也是妇女一件费时费力的事。到街市中买菜，就要妇女费上一番心思力气。地方近海，所以吃海货多。妇女中多有厉害的人物，一眼能分辨出什么鱼来自哪个港口，掀开鱼鳃就知道有没有上过冰。如果是撒了盐的，是在船上就腌上的，还是到了港口再腌的，用手一捏就知道！买菜也是，一个大包菜拿到手里一转，唰唰几声，所有烂叶就被准确撕掉，买完还要顺手拿上几根葱、两条芫荽。甲子人在吃上面是不心疼钱的，都好享受，满街都是餐饮小吃，鱼粥店从清早开门到凌晨还营业。但是当家才知柴米贵，妇女都是街市中买东西的好手！在喧喧闹闹、五味杂陈的街市中，一边和摊主七嘴八舌讨价还价，一边和来来往往的人提高声调打招呼、聊天，融居家与社交一体，只有甲子妇女才能做到。到家还要淘米做饭、处理食材、烹制一家人的菜式。妇女一天中有一半时间，是围着三餐忙忙碌碌的。

街市中卖东西的，也有不少妇女。或者拿着宽刃厚背的钢刀，斩骨剁肉，或者用长长的手钩扎进整条百来斤的海鳗，拖上摊位台上，或者从四乡挑着两大筐青菜，走几公里路到市场来卖，这些妇女，不比男人干得差！要是到港口，等男人们出海捕鱼的大船靠岸时，整个海边都是穿着长筒胶鞋、戴着大斗笠的妇女，抬着装满鱼后几十斤重的大铁方盒，穿梭奔走。还有织补渔网，挑着担子给船员送食的，都是妇女！港口的小山岗上，几层楼高的妈祖像，慈悲地看着这些妇女来回忙碌着。

甲子妇女的另外一个重要职责，是祭祖拜神。这是件繁重的任务！祭拜的对象，包括祖先、各路神明、天地父母、地主老爷、司命灶君等等，统称拜公、拜老爷。时年八节、家中祖先冥寿忌辰，妇女就要提前几天为祭拜祖先作准备。这其中又以春秋两祭为重。妇女们要筹备制作荤素不同的菜式，还要揉面炊粿，准备茶酒，采购时令水果，作为祭拜的供品。如果是整个家族到祠堂祭拜，每家每户按照规定的荤、素、粿、果准备就行，还相对简单点。要是自家的祖先牌位灵主没有晋祠，也就是不够辈分进入祠堂享祭，或者家族尚未有建祠堂，就要在自己家中祭拜，更为麻烦，起码要八大碗不同菜式，要有荤有素，有咸有甜，还要四个蘸料小碟，以及将米饭在碗中堆得又高又尖，一碗碗摆在供桌边上。以前的妇女还要自己做纸钱，买来黄色的毛边纸，做成元宝、圆筒等等式样的纸钱。现在基本都是买现成的了。还有香、油、蜡烛等等，烦琐不说，也是家庭一笔开支。时节拜祭完，光是洗刷碗筷盆碟，就足够让妇女们再忙上半天了。

过年还有清明是妇女们最辛苦的时候。过年时人来客去，准备过年的一应物品，到长辈家中拜年，已经够忙碌的了，年三十和大年初一还都要祭拜祖先，筹备两次供品。清明时要扫墓，老祖新坟扫下来，一两天也不一定能跑完，还经常是爬山越野才能到达，本也已经够奔波了，但清明日还要到祠堂祭祖。这些拜祭的各项准备工作，都是妇女在干。其他固定的拜神日子，包括各路神仙的圣诞，每月初一十五拜天地神明等。另外还要在年节后拜玄武山佛祖或者龙尾老爷，求签预测一家老少新年中的运度，或者在家中有需要请神明庇佑或者决定的事，也要求签问神，比如家人生病是否能有好转，在某某处新建住宅是否合适等等。

这也是个麻烦的事情！妇女们带着香锭纸烛和供品，作为献给神明的礼物，在庙前的空地上跪下，祷告所祈之事，然后摇晃签筒直至有签掉落，再用一对半圆对合的筊杯——当地唤作圣杯，反复抛掷询问神明此签是否圣意，再记下签号，最后还要请先生根据所祈之事解签。我小时候在甲子二小读小学，经常到旁边的龙尾王爷庙中观看她们拜神，觉得这种人神之间的交流既神秘又充满仪式感，过程非常烦琐冗长。但是甲子的妇女们，将其作为关系家庭人丁安康的一件大事，不辞劳苦地进行着。

听说有外省妇女嫁到甲子来，每逢年节必要回娘家，说是一天跪那么久，腰腿受不了！甲子的姿娘仔，都是从小随着母亲拜神拜大的，基本功扎实，根本没有这方面的忧虑。就是老嬷人也都是一双小脚拄着拐杖，提个放供品的小竹篮，大清早就出门拜神的，不废幼功。如果有家族亲戚家中有丧事，妇女还要忙碌一番。除了布置准备各种祭奠用品，还要在出殡时，代表家族女客送行，按照五服亲疏在送殡队伍尾部排列，穿绿色或者蓝色的长裙和白衣，或戴袖麻，头搭白毛巾，或者打着黑雨伞，按照八音锣鼓轻缓节奏，在喧闹的间隙放声哭号。没有当过几年妇女，难以流畅驾驭这套技艺！总而言之，地方对神明祖先的信仰、宗族观念的传统和盛行、家族亲戚人口众多，都给妇女带来类似祭祀拜神等的繁杂礼数和诸多杂事。

妇女们这么劳累，但是地方习俗上没有什么妇女能够参加的娱乐项目。跳广场舞的也很少，有也只是上了点年纪的老人在参加，传统的妇女们不愿意这么抛头露脸地活动。最多在过年的时候打几天纸牌，无非也是地方流行的上游包、对红点，或者赌博意味更强一些的三公、二十一点，赌点小钱，一般过了初五就停歇了。有的妇女会在平时参与打打麻将，但这一般是家庭经济比较宽裕，而且家务活不重的。甲子疍家的妇女，以往还有唱唱渔歌的，这些年也不多见了。如果亲友娶新媳妇、嫁女儿，妇女们是很高兴的。趁着喜事的氛围，在聚集到主人家中帮帮小忙时，能说说体己话，喝喝芝麻茶。这芝麻茶，是用手臂长短、一握来粗的树枝，和带牙纹的擂钵，把芝麻混合茶叶或者几样特殊的青草磨碎，再冲入开水制作出来的，可以加入花生、炒米等。算是以前的妇女们平淡而劳累的生活中，比较高级的享受了。

我对甲子的妇女充满敬意！马上就是西洋的母亲节了，甲子的妇女应该享受不到这个节日的氛围。这一天对她们而言，也只是平常而忙碌的一天。哪个甲子奴仔，不是作为母亲的妇女哺育的？又是哪个家庭，没有一个日夜辛苦操劳的妇女作为妻子、媳妇在照理？她们才是最应该在母亲节收到康乃馨的人。希望这些一代代辛苦照顾家庭、尽心尽力抚育甲子孩子们长大成人的妇女们，妈祖保庇你们身体安康！

蓝蓝的天

前两天我在北京路的新华书店，见到了于汉老师！但也可能是很像于老师的一个人。因为我与于老师，已经失去联系多年了，还听人说他可能已经过世多年了，但没有确凿的消息。这个人看起来很像，瘦瘦的小个子，戴了个金框眼镜，细长的嘴唇，拿了一把小提琴，正在柜台那和店员说什么，看样子可能是要换琴弓的头。我一直看着他，觉得起码有八九分像！穿的衣服也像，简单的白色T恤，扎在灰长裤里。哎呀，如果不是同一个人，那也太像了。

九十年代甲子缺老师，从外省招聘了一批老师，教语英数的也有，音乐体育的也有。于老师就是这样到甲子来的。说是外省，我至今也不知道于老师是哪个省什么地方的人。甲子人把外来人口，全部叫作外省，连个人字都不加。甲子港口出海往南的地方，全部统一叫作南洋。其他地方的人都是红毛番，顶多分出个日本。好像甲子是地球的中心！于老师是教音乐的，是个什么音乐学院毕业的。十几二十年过去了，我也记不得了。现在回想，他懂的不少！钢琴、手风琴、笛子、小提琴、黑管、吉他，他都会，我们那的唢呐、扬琴什么的他拿过来搞几下就能出调。歌也唱得好。而且无论什么歌，听一遍就能把谱写出来！真是吹拉弹唱无所不精。于老师当时刚毕业,以为广东的中学招聘,能来改革前沿凭一身音乐才华大展下身手，没想到广东也有甲子这种又穷又破又没文化的海港小镇，哪里有什么音乐的市场。街面斗殴叫人都不用铜锣，就拿个破脸盆一顿敲。真是气煞了人也!

估计于老师刚到甲子也长吁短叹了不久，反正每晚月亮出来就到窗口架起小提琴，曲子一首比一首悲，拉得老师宿舍楼下卖甜汤的老太太眼泪都快下来:“这个外省短命仔，锯的什么短命曲，都没人来买甜汤罗！”不光于老师，几个刚来的外省老师都情绪不高。想出去走走看看，他们不会说本地话，当地人又经常假装不会说普通话，被骗了都不知道。在街上看见有卖荔枝的，几个外省老师凑过去看看活的荔枝长什么样。摊主热情得很，递了一串得有十来个过来让老师们尝尝。一尝确实好吃，读书人又不好意思只尝不买，就几个人凑了钱买了两三斤。回到宿舍喜滋滋围坐着剥荔枝，一打开全是烂的,一捏就流黄水。几个老师咒天骂地,可又不敢回街上找,气得几个人在房间来回转圈，人手一串烂荔枝。

学校的领导看在眼里，急在心里，可不能让这些好不容易招回来的大学生溜了呀。发动了学校相关部门和几个热心大姐，从两个方面进行疏导。一个是介绍女朋友，未婚女老师、适龄社会女青年、辍学大龄女生，环肥燕瘦，都组织和外地老师出去活动，跳舞电影烧烤。不管成不成，有个盼头，心就安顿下来了。第二个是鼓励办各种补习班，给场地、给桌椅、帮宣传，只要你愿意办班，能帮的全都帮。所以外地老师们呼啦啦办了一大堆补习班、课外班，语英数体音什么都有，先搞活经济。一个东北来的一米八多的体育老师搞了个篮球训练班，他只会中锋动作，教的小个子后卫也都是从后场一拿球就背身单打。还有个美术老师教素描，心血来潮把自己画的几张画，让几个学得好的初中生带回家去临摹。第二天一个女生家长带了十几个人，举着老师画的铅笔裸女画到学校来找校长。好不容易才把事情压下来，可是班里的女生都被家长叫回家了。要说搞得好的，还得说是于老师的电子琴班。电子琴当时算高档东西，格调又高。借当时甲子走私经济发达的东风，这个班搞得风生水起，报名的人把学校门都快挤破了，于老师光批发电子琴每台都能赚上一两百块，也算笔收入了。

我那时上小学三年级，有个亲戚在中学搞行政，听过我吹口琴，说我吹得好，有力。于老师的电子琴班正在招生时，他刚好在街上碰见我母亲，就让我母亲把我送去学琴，他给联系打个折。我母亲听说能打折便同意我去了，我就是这样认识于老师的。又因为我和其他两个小孩学得好一点，弹的曲子基本在拍子上，于老师非常重视我们三个，以入室弟子礼之，就是一周两次傍晚到他宿舍学琴，不另收费。他有计划，要教出几个可以上台面的，能为他的培训班起宣传作用。

单身教师的宿舍房间小，一张床，床头一张桌子，床尾一个柜子，其他就没什么地方了。于老师在桌上放了一把雅马哈的电子琴，自己弹，又在床边放了个琴架，放了把他批发回来的琴，给我们用，我们三个就并排坐在他床上，轮到谁弹谁就挪到琴前。一日，他正侧对着我们演示《卡门》的序曲，刚好到高潮感情激昂之际，于老师低着头半闭着眼睛，背都绷紧了，十指忽快忽慢如抓沙蟹，就这时啪的一声停电了！可能是宿舍区谁用电炉了。于老师嚓地站起来，手往空中一举。我们大气不敢出，艺术家的事小孩怎么能了解？于老师转过身来，手用力往下一劈："你们，不要只学电子琴，以后要学钢琴！"我们木然。全镇都没几个人见过钢琴，学校有个风琴，好几个键瘪下去不出声了，于老师伴奏时一弹到这些个键就得用嘴巴唱出来，幸亏他唱得准！他站在原地抬着头想了想，停了得有一分钟，转过身用修长的食指逐个点我们："你，你，还有你，不要学个电子琴就行了。钢琴才算音乐！没有电也能弹。"我们表示赞同。于老师讪讪坐下，手指在没声的键盘上来回跳动："不但要学钢琴，还要懂点古典，不要光学流行歌，骗人害己。"我们哪知古典是个甚东西！看于老师表情严肃，只好点头诺诺。

于老师看不起流行音乐，但对陈玉双非常推崇。陈玉双何许人也？上世界90年代的一个流行歌手，在各种比赛拿过冠军，低沉的嗓音很有磁性，现在应该没人知道了吧。于老师有一张自己翻录的磁带，第一首就是陈玉双的《蓝蓝的天蓝蓝的海》。他常听这歌，跟着唱，听完唱完对我们说："是不是流行歌就没古典气质？"不待我们回答，或者是怕我们回答错了，他马上接着说："听听这个！这音色！这韵味！这配乐！"自己把眼眯住了唱："蓝蓝的天蓝蓝的海，沙滩上有我在徘徊，淡淡的风轻轻吹来，赶走了寂寞的情怀……歌词也好！"我们捣头如小鸡啄米，难得老师喜欢个活人，还是中国的，了不起。

其实于老师自己说他最擅长的是黑管，也就是单簧管。但这东西在我们那儿没有市场。黑管声音不大，人一吵就听不见，认真听又很容易有点尿意。而且不像笛子那么方便，要一直含着，还吹不得快曲子，都是慢悠悠的，脾气不好真学不了。我们甲子所的民风名声在外，有几个脾气好的？小提琴好听，声音又高又亮，可不好学，把琴弓锯掉毛了也不见得能出声，而且于老师就一把琴，别人瞎锯他也心疼。他主打教学的还是电子琴和吉他，电子琴先开的班，后来借吉他热又开了吉他班，在附近颇有了点名气，也赚了点钱。一天学琴结束后，于老师拿出黑管问我们谁有兴趣，我们都婉拒了，于老师很失望："那我吹一曲，你们听听表达什么，谁能听出来？"我们都夹紧了双腿坐在床上听完了，都纷纷说真好听，下了床作势要走。于老师把门一关问："听出什么意思没？"我们集体摇头。于老师苦口婆心："猜一猜？大概有个什么意思？"一个同学顾左右无敢应对者，便壮着胆子说："很悲伤的？"于老师大喜："怎么悲伤？因为什么？"同学看蒙对了不由大喜，昂然回答："吹得不是很快，像出殡的。"于老师半晌没说话，一会才点点头："大概有点像吧。"看没有让我们学的意思，我们乘机开门走了，教黑管这事也就不了了之了。前两年我得了张赠票去听音乐会，听到个黑管独奏的《月光》，仿佛就是那个调，我夹着腿听了，哎，还真的有点悲。想想那时于老师也挺悲的，这么好的曲子只能吹给三个小学生听，对牛弹琴！

几个学校联合组织老师去镇外的海边烧烤，说可以带家人朋友，主要是鼓励外地老师带女孩子去。于老师没有女朋友，他和学校大姐们介绍的女生都聊不了几句话，他自己说没有话题："总是问我工资，我说的她们又听不懂！书都没念几年。"他交际面又窄，总不能和培训班里的小学女生谈恋爱吧，所以一直单身。他捏着油印的通知想了想，带我们三个去："学生也是朋友嘛，我们算是亦师亦友对不对？而且你们也吃不了多少，我就不给学校多交一份钱了。"其实我们三个半大小伙子，哪个不比于老师能吃？于老师那细胳膊伸出来不比黑管粗多少。

到那天，他借了个单车，背了个吉他，我们三个各骑一辆车紧随，也颇有气势。于老师还穿了件浅蓝的牛仔服，前一年到我们这的县城上买的，他颇为得意，秋风微凉就穿上的。到了地方，我们三个小孩都忙着和老师们拾树枝、扎鸡翅，于老师把琴拿出来了开始弹，先唱《蓝蓝的天》。一唱几个外地老师的女伴就过来了，用潮汕普通话说:“于老师你这个吉他琴弹得好浪漫哟。”于老师不回答继续唱，牛仔服下摆海风一吹呼啦啦地摆动，是挺浪漫：“蓝蓝的天蓝蓝的海，沙滩上有我在徘徊，失落的情失落的爱，这一切我都已忘怀……”几个外地老师就斜眼盯着，手里把树枝折得噼里啪啦的。于老师就不唱了，没意思，又不是唱给她们的！讪讪说：“风太大，不唱了。”后来喝了几瓶啤酒，于老师一个人拿了琴，不知躲到哪里去了，我们看天色黑了要走了，才从海边的一块大石头上找回他。回来路上，他突然没头没脑地和我说：“到海边一个人唱歌真是快乐！”我那天吃烤鸡翅是吃得挺快乐的，至于他是怎么样的快乐，我现在也还不知道！

一年过中秋，我家里想着于老师教我挺用心的，又孤身一人，就把他请来一起吃饭。他很激动，买了八个大菠萝，中秋节当天下午就早早到我家来了。谁去做客买那么多菠萝！菠萝湿毒，哪能吃太多，外省人真是不懂。他吃饭时很斯文地喝了一点点酒，对饭菜赞不绝口，还说我很有音乐天赋，要送去读音乐，不能浪费了。我第二年就升初中了，鬼才去读音乐罗。但出于礼貌我还是表示了同意，喊他多吃菜。他在我家喝茶喝到挺晚，看得出他很开心有人叫他来过中秋。唉，现在想起，这个单身的大学毕业生真是孤单可怜，吹个黑管都没人懂！

我升上初中那年，于老师到深圳去了。他给我家来过电话，说他在一家酒吧的乐队表演，收入还可以，叫我父母如果到深圳一定要去找他，还给了个传呼机号。再后来就没消息了，慢慢市面上传呼机台也没了，怎么去找他？有一次一个深圳的亲戚到家里来，不知怎么说到于老师了，说于老师赚了大钱！跟了几个乐队来回跑，还到香港去表演。又过了一年多吧，一个留在甲子的外地老师到深圳去玩，在餐馆见到于老师的一个同事，听他说于老师没有发达，找了个女朋友也吹了，欠了一屁股债跑回老家了，后来又偷偷来深圳找工作，被人认出来，逼着还钱，可能跳楼了，也不知是不是真的。这个老师也有义气，托人在深圳的酒吧餐厅问了一圈，没人知道于老师下落，只能回来了。于老师从此就不见了，再没有人说起他的消息。

那天我在新华书店，定定地看了那个像于老师的人约有五分钟。样子是像，但如果是他，现在也得四十多五十了，不可能看起来还像二十多岁那么年轻！我暗想，可能这是于老师的一个亲戚后代，说不定就是他的儿子，继承他父亲遗志，也学了点音乐，今天刚好被我遇上。或者国家有一个什么组织，定期专门从国内找一些气质形象相似的人，统一培训音乐能力，再派去文化落后的地区传授，提高全民素质，功在当代，利在千秋。又可能这个人就是于老师，驻颜有术，红尘诸多磨难没有留下痕迹，如今在都市一角从事音乐教育，或者自娱自乐拉拉琴，安享晚年。我正想着，那人已经从店门出去了。我想追上去问问，又觉得太过唐突，正犹豫间，他已经走入北京路的人潮中不见了，我走到店外怎么看也看不着那人了。人海茫茫，这一别，可能又要二十年光阴才能再得一见了！

故鄉的船
戊戌夏月凱澤

摩托车

前两年我家从镇中心搬到了镇郊农村里，现在从外地回家，最大的感受就是晚上睡觉比在老家时安静了很多。原来我家住在新南一带，临近甲子的 CBD 南门头，夜里非常地嘈杂。原因除了附近有新南市场、老车站，还有不少晚上开门到很晚的夜宵摊位外，最主要的就是摩托车。新南外围的人民路及附近的几条街道，都是夜里甲子年轻人飙摩托的固定赛道。有时半夜两三点钟，还能听到轰然雷鸣的改装摩托飞驰而过的声音，一般都是成群结队呼啸而过，速度又快，开窗咒骂的时间都不给人留下，尤其轰鸣声中往往夹杂女孩笑声，更让人恼火。

虽然每年都有若干甲子后生仔，因为飙车太激烈导致全村吃饭，但甲子人追求摩托极端特技驾驶技术的脚步从没有停下。最近看了一个视频合集，记录了多位后生仔在甲子街道中运用蛇形、撒把、反坐等技术开摩托的英姿，不由令人脚软。众所周知，甲子内围的一些街巷非常狭窄、弯曲，加上人多车多，能在这些小巷子里一扭一摆地蛇形，不但没有撞到人，而且没有被人拖下车打一顿，说明技术和运气都是非常好的。在甲子部分后生仔中，开个改装摩托，后面载个穿短皮裙的女孩，在喧闹街市蛇形而过，属于比较高层次的人生体验了。扰不扰民暂且不论，思想追求确实不高，确实难以充分反映甲子创文建设的成果。

我开摩托的技术相当一般。因为我在甲子读书时，小学时是走路上学，初中、高中基本骑自行车。高三时我爸曾经把他不用的一辆小摩托给我用，但是那辆车太旧了，三天两头坏，而且速度也开不快，还没有自行车用得舒心，开几天我就再不开了。同学中开摩托的人也不多，有个好摩托车或者会点特殊驾驶技术，很是值得炫耀。我们那个年代，好的摩托车主要是铃木、本田、太子的 125cc 和 250cc，还有大鸟鲨那几款，偶尔还有辆扶手比坐垫高出一米多的哈雷，以及从碣石镇买回的走私进口车，我们唤作“水车”。一般都是女款的小绵羊，男女都开，轻便好用，我们亲切地唤作“羊仔”。以前基本没有改装摩托的，也没有电动摩托，玩车的都是原生态，特技以搏命为主。比如开着开着就松开把手，踩在脚蹬上站起来，或者先加速，再把车头拉起来，前轮悬空开一段。摩托车的质量和身体素质占表演成功的主要因素，如果一不小心人仰车翻，轻的送到坑仔骨科，重的汕头、广州，更严重的直接上北门天地。

现在的甲子人完全离不开摩托！街道狭窄，摩托开起来方便。有时路上汽车塞住了，摩托左突右冲就出去了。尤其是过年过节人多车多的时候，家里有摩托的绝对不会开小车出去。同时停车也便利，摩托到哪里买点吃的用的，停在店铺门口街面就行，甲子没有那么多汽车的停车场。许多甲子小孩或者妇女，车技比起后生仔也毫不逊色！水门的街巷都只有一肩宽，来附近市场买菜的妇女两车对开，相互肩膀一歪车身一偏，不用减速就过去了。更惊人的是周围的群众没有一人稍稍停下来叫好的，说明这在甲子就是常规操作！甲子人看电视上的马戏团表演，看到大铁笼里几辆摩托来回转圈的特技，非常不解，心想："这有什么惊险的，不是还戴着摩托车头盔吗？完全没上特技啊。"要是看见杂技里一辆摩托车十几个人骑上去的，更是不以为然！这种表演在甲子非常常见，随便一个十来岁的小孩开车都能做到。

摩托车的机油已经深深融入甲子人的血液中。拍拖中的后生妹在后座紧拥开车后生哥的小腰，飞驰到天荒地老，或者海边路的酒店。居家的妇女骑上电动摩托转上半条光明路，就能买回全家所需的午餐外加下午点心。熟人在街中相遇，脚尖一点把摩托停住，先互扔根烟再臀不离车地聊上半天，不管身后喇叭响成一片。两派约架的后生仔探讨完毕，无论胜败都依照江湖规矩回到各自摩托旁，一一拱手互道珍重，你说青山不改，他答绿水长流，说罢骗腿上车绝尘而去，轰鸣声起，尾气幻出"后会有期"四个大字。就是老人去世出殡，队列开头燃放鞭炮的，也有人边骑摩托边点的，炮声烟雾中摩托行云流水，跨越生与死，穿越喜和悲。甲子人的爱恨情仇、生老病死都与摩托息息相关。如果哥特利伯·戴姆勒先生——摩托车的发明人——地下有知，必定含笑九泉。

我读小学时甲子还有专门的运营摩托。基本都是"幸福"牌摩托车，大红色的，有个圆滚滚的大油箱。一般都把后面的货架改装得又大又宽，加上个活动的海绵垫，既可载人，还能拉货。这些摩托不是沿街拉客的，一般就是在南门头车站附近聚集着，工友或者躺着在车上休息，或者在旁边抽烟聊天。那时候的摩托车少，生意好，工友们无须出去拉生意。后来满街都是摩托车了，载货摩托这个行当也就慢慢消失了。好的摩托车在那个年代奇货可居。我父亲当时在外贸工作，有一个免税进口大件的指标。他又凑又借换了不少港币，趁着到香港送货的机会，带回一辆红黑色的铃木，回来就添点价卖给别人。我和我弟非常舍不得，跟着买车的人到巷头目送爱车离去。

再往前几年，甲子还有专门载人运货的自行车，一色的28寸黑色横梁车，主要是红棉、永久牌的，结实耐用。比较高档的还有凤凰牌，甲子人唤作“国徽凤”，因为其车头带凤凰的商标铝牌形状像个国徽。那时候的手电筒、收音机都算电器，有个加煤油打气的防风汽灯就是小康人家了，自行车自然算大件。有的人家买了自行车，骑完都是擦干净挂在房梁下的，非常尊贵。我记得80年代中期甲子还有出租自行车的，成人车、小轮车都有，小孩子去租的比较多，一个小时几毛钱，我在人民路医院对面那里租过好几次。现在回想起来，这种高消费的行为非常理性。因为怕吃亏，这一个小时内都是拼命骑，一秒钟都不停的，比现在去健身房骑动感单车效果好太多了。

说到运货，以往甲子还有一种特殊的车，唤作“板车”。大橡胶轮，厚木板做的四方车身，两只把手又长又粗，大多数车还会在车头系上根粗绳子，拉车时挎在一侧肩膀借力。拉板车是个重体力活，有时一车货就是数百斤上千斤，所以车夫都是粗壮有力的，热天时光着膀子，一身腱子肉。现在板车不多见了，类似板车夫的重体力劳动者也少了很多。不过很多卖杂货，主要是小吃、水果的，还都用着板车，临街一停就可以营业了，很是方便。

现在街市中多见的是电动三轮车。就是用运货的三轮车，改装加上个雨棚和车厢，可以坐三五个人。如果刮个风下个小雨，或者到稍远的地方，倒是不错选择。现在管理规范多了，以前三轮车工友在车站等地方抢客、抢货的，往往嘈杂纠纷，有时还大打出手，过年过节还会随意加价。二十年前还有人力的三轮车，铃铛叮铃作响，有红篷的、蓝篷的，红色的居多，所以统称为“红车仔”，大多数是外省的工友在骑，现在已经销声匿迹了。

围炉

今年的冬天真冷！尤其断断续续下着雨，一到晚上坐着都觉得寒气从脚上传来。又没有暖气！这叫人如何是好。以前甲子人形容冷，说打狗都不出门。狗来门口吠了，可天气太冷不想出去赶。现在可好，狗都冷得不出来了。我住的小区，以前呈现三多的局面，做生意的潮汕人多，直接导致小孩多、宠物多。平常晚上除几摊跳广场舞的外，全是保姆，平均人手抱一个孩子牵一条狗，围着叽叽喳喳聊天，大点的孩子满世界跑。这几天到小区跑跑步，除了几个冻得悉悉索索的保安，一人从棉衣袖口伸出两个手指头捏着根烟，一个活物没有！什么阿拉斯加、柯卡，还有穿羽绒的熊孩子，碰上南方的湿冷天，全灭！门口的电动三轮起步要八块，问他年还没到怎么就涨价了，他从滑雪帽里一瞪眼睛："就这天，十块也不想出来！有钱我就喝酒去了。"眼神中的悲壮完全不亚于翻雪山过草地。

以前在甲子没有遇到过这么冷的天。甲子毕竟在海边，总体来说冬暖夏凉，气温比城市里舒服，海洋性气候。当然也不是一点都不冷，但是在甲子有御寒之物。牛肉火锅、羊肉煲，还有一个野味火锅，甲子人的岁寒三友。再冷也冷不到哪里去嘛。从冬至开始到第二年开春期间，来到甲子之后就没有再离开的牛羊和山鸡、水鸭，数不胜数。夏天也吃，但是没有冬天这么厉害。你现在到甲子看一看，哪家火锅店不是人头拥挤，门外摩托车都快摞起来停的。火锅一开，不管锅内是什么内容，蒸汽缭绕，直接就可以穿短袖了。非常感人。哪有什么冬天！关键就看你在火锅店外排队还是在里面涮肉。

除了上面说到的，可以用来打火锅或者做煲的还有其他，什么龙虾火锅、狗肉煲，这两年还有商家推出了驴肉火锅。但在甲子都不是主流，代表不了甲子冬日料理界的水平。火锅各个店的做法都差不多，打火锅的食材也没有区别，就是汤料、蘸料的区别，还有最关键的就是食材。山鸡水鸭等野味要打边炉，有的还要先片出肉，骨头拿高压锅压一压。牛肉就更简单，肉来了，切肉的师傅根据部位和肉势切成薄片，汤底就是牛骨汤或者清汤，用心点的自己调的调料。也无非就是沙茶酱自己加点料做一做什么的。其他都是食客的事。至于就餐环境，甲子人是不讲究的！非常讲究食物本身。公园附近的蒜头然开的餐饮，那店破破烂烂，墙上地下能刮出油来，但是那一盘炒鸡丁，完全可以申遗。每天排队排到戏院去。做牛肉火锅的，更没有办法讲究。牛肉味道就大，又油油腻腻的，店里的餐桌食具都是滑不溜手的。所以要区分优中之优，大家还是从肉的品质和火锅的味道来区分。

综上所述，至少从大道至简这一点来说，火锅的翘楚首推还是牛肉火锅。我一直奇怪的是，甲子又没有人养黄牛，怎么吃牛肉这么风行？现在还吃得越来越刁，还分起了肉的种类部位，出去吃餐牛肉，都得先找关系，没有过得硬的门路，连块好肉都吃不到。一只牛就一条吊龙肉，一条牛舌，你叫老板怎么安排？别说好肉了，就这冷天连差肉都没有。有时候临时起意，到店门口一看，就一个光秃秃的牛骨架，伙计直接过来说今天肉卖完了，明天请早。普通一点的肉也行啊？普通的也没有了。空着肚子顶着冷风回去，非常打击人，对人生多少都产生怀疑。

我在吃牛肉方面，是下了不少功夫的。小时候我和甲子所有小孩一样，随长辈吃过牛肉。读初中时，有时到中午，同学们就凑个一二十块钱，到火锅店买半斤牛肉，用来下方便面，火锅店送的青菜和萝卜丝等面熟了最后下。平常朋友聚餐，也经常吃吃牛肉，因为对比来说，牛肉还是实惠，吃得饱又味道好。这都是初级阶段，只要是肉就可以了。最多认识个脚丝肉，吃起来脆一点。完全没有认识到牛肉的本质和精华。非常惭愧！后来吃的多了，对牛肉才有了点粗浅的认识，知道新鲜的肉怎么样，哪个部位的肉好，以前不喜欢吃的牛舌和胸口油也品出了妙处，这才算入了甲子牛肉的门。现在虽人在广州，我和甲子牛肉之间，还保持着密切的联系。每周末只要没事，必然叫外卖到家，都是当日从甲子运来的新鲜肉。我女儿在我的熏陶下，对牛肉也非常喜欢，还专门吃有纹路的肉。只要聚会，尤其是有甲子人的，我一般也选择到甲子人开的牛肉店。说起来，只要甲子人在广州开店，我们几个牛肉爱好者必然前去捧场，吃多混熟了，老板还经常留点好肉。尤其是外卖那一家，原来开店时，离我家不远，我们一家经常去，现在改做外卖了，来了好肉先给我个信息："今天肉好！！！"这些感叹号令人在感动之余，都没有办法集中精力做别的事。

包括牛肉在内，火锅，一切的火锅，都带着特殊的气场。四川火锅也罢，北京涮羊肉也罢，海底捞也罢，台湾锅也罢，所有的火锅，都能让人迅速而紧密地参与到同一餐饭中，为一个相同的目标心照不宣地配合。没有其他一种饭菜，能和火锅一样，让人们平等地围着同一炉火，从同一处食具中分享食物。其他的饭菜都是做得了端上桌来，而火锅还包含了食客的参与。先下什么、再下什么，什么食材要涮多久，青菜要不要先下，肉煮老一点还是嫩一点，完全能体现一个人对人生有无追求，对理想是否还有憧憬。火锅的起源说法多样，但从围炉而食这一点看，还是保留了古代粗鄙原始的精神。真正的高端料理，不会出现火锅，即使出现，也是精致的小锅中咕嘟着一小份食材，不会像我们一样大盘大盘地下肉。这也说明火锅是家常而普通的吃法，火锅之于饮食，一如盐之于尘世，普通而特别，却不可或缺。

当然，火锅更重要的是团聚。想一想寒夜里，或呼朋邀友往远方的一炉氤氲蒸汽奔赴而去，或家人齐聚在餐桌旁围着火锅虔诚祈祷水开，没有比这更温暖人心，更能体现团聚的事情了。只有坏人才一个人吃火锅，比如《无间道》里的曾志伟，在深夜香港暗巷里独自坐在胶凳上涮着火锅，多么可悲。所以甲子人除夕夜吃的年夜饭，就叫“围炉”，必上一个火锅类的食物，猪脚墨鱼脯炖鸡也行，煮一锅鱼丸或者墨丸也行，哪怕涮一锅粉丝青菜都行。年来了，外出的人从四面八方，穿过寒冷和长路赶回家了，团团圆圆坐在自己家的餐桌旁。这一年过得或许有好有坏，或许顺心不顺心，现在都回家了。不管外面天多冷，家里餐桌上已经布置好了，火点着了或者电磁炉开了，汤汤水水慢慢地沸腾起来了。所有的人都围着家中的炉，举起杯来团聚，多么温暖。

猫

最近经常在小区里遇到两只猫。都是流浪猫，一只橘黄色，一只是白的。橘黄的那只大一点，肥一些。白色那只还小，瘦巴巴的，身上脏兮兮。经常能遇到它们俩的原因，是因为这里有它们的餐厅。在停车场楼梯出口的拐角有个一平方左右的小平台，栏杆围起来了，人进不去，但是手能伸进去，有人在那里面放了一个铁盆，每天都往里放猫粮给它们吃。食盆旁边还有一个水碗，以免两位猫大爷吃干猫粮噎着了。我平常下班回家的时候，应该是那个喜欢猫的邻居刚刚投食完毕的时间。所以走上楼梯快到地面的时候，我就能看见它们埋头猛吃。

有人说看见了猫后能不学猫叫，是一个人成熟的标志。按照这个标准我还远远不够成熟！我看见这两只猫照例是要模仿着叫上一声的，甚至每天尝试着发出不同的猫叫声，有时苍老一些，有时偏活泼一点。我学猫叫还是颇有经验和心得的，每次两只猫都会从盆里抬起头来看看我。这两位虽然是流浪猫，可是吃喝不愁，完全没有担心有猫来抢吃的表情，而是带着一种怎么还有猫在这里的疑惑。

有时候看清是个人类了，往往还会作出高傲而不屑的表情，类似中世纪的欧洲贵族遇见平民一般。猫的尊贵真是骨子里的！即使是一只脏兮兮的流浪猫，你也会觉得它的神情举止像个王储。请完安后我就往家走去，它们偶尔还会在我背后低低地喵上几声，估计大意是这人怎么又来这套把戏。

我对猫是有感情的。以前小时候在甲子老家住的时候，家里一直养猫，早就习惯了这个毛茸茸的小家伙作为家里的一分子存在。那时候没有宠物店、宠物市场什么的，家里养的猫都是从亲友家中抱来的小猫。按照甲子的习俗，抱别人家的猫仔来养，要带些糖送给主人家，一包糖果或者一小袋乌糖、白糖或者冰糖都行。这在甲子话里有一个专门的术语叫做“叠猫宿”，意思是“（用带去的糖）压住猫儿的窝”。大概是希望母猫不会因为有人把猫仔抱走了而受到惊吓或者悲伤，能够继续安安稳稳地居住在窝里吧！这个习俗还真的是很温情。不管如何，给猫儿原主人家一点甜蜜的礼品，就能抱走一个可爱的小生命，这个买卖还是挺划算的。

抱来的猫儿到了自家的门口还不能直接进去，按照传统需要有一个小小的仪式。也就是用小束稻草象征性地给小猫擦擦嘴巴、擦擦屁股等，一边念“四句”，主要内容就是擦了嘴巴猫儿就不会贪吃，擦了屁股就不会邋遢懒惰等等的。这“四句”有好几句押韵的句子的，时间久了，我也不记得了！这个小仪式的形式和意义都接近于洗礼，主要就是希望抱来的猫能够听话、顾家，同时也是对下车伊始的小猫提出今后奋斗目标，勉励其爱岗敬业、廉洁爱家。

也有自己跑到家中来的猫儿。甲子俗话说“猪来贫，狗来富，猫儿来到起大厝”。家里跑来猫狗是富贵的兆头，所以甲子人一般都会留下来养。我估计这句俗话是一个以前的流浪动物保护者发明的！针对人类贪财爱富的心理，抓住流浪猫狗在无序流动中总会不经意进入人类居所这一规律，有效解决大批流浪猫狗的收养问题。尤其在比较迷信、传统的甲子所内传播这句俗语，不亚于大数据推送的精准投放广告。

我小时候家里长长短短养过不少猫。有时已经养了两三只猫，而养的母猫又生一窝五六只猫仔，真是走到哪都是猫！我从小就很善于和猫做游戏，猫们也很乐意和我玩，或者说赏脸和我玩。有一只白猫，是我亲自从亲戚家抱来的。来的时候它也就刚出生一个月吧，吃东西还不是很利索。那时候每天早上上学前大人会给我冲一碗牛奶，我便倒半碗到它的食盆里，对此我与它双方都觉得理所应当。此猫从小便和我游戏，相互之间很有默契和信任。一次我用扁担和两个水桶做了一座桥，手一指它就懂了，战战兢兢地走过去，让人不由大加赞赏，全甲子也找不出第二只这样聪明的猫。猫一般不让人抓尾巴，抓住就动弹不了，气急败坏的猫往往会报复性咬上一口。甲子话里的“吊猫尾”，指的就是事情本可完成时，受制于人或被人故意设阻。特别形象。可是这只白猫，我可以抓着它的尾巴提起来，它抬头一看是我便丝毫不挣扎，甚至身子还随着荡来荡去。后来养久了，只要我吹个口哨，它就不紧不慢地踱步而来，在我面前用后腿坐下，支起身子看着我。我一同族的叔公在我家亲眼目睹这一幕后，惊奇得很：“这猫比狗还听话！”一只猫能得到的荣誉，莫过于此了。我上初中时曾经用铁丝网和木板给这只白猫搭过一座三层别墅，卧室、餐厅、厕所齐全。很多客人对此别墅赞赏有加，还有人专门到我家来观摩这个别墅，回去依样给他家的猫造房子。为此我很是骄傲了一段时间。

这只白猫在我家待了十几年，生了好多窝小猫。它应该是有点波斯猫的血统，自己的眼睛带点蓝色，生的小猫也有好多是异色眼的。后来年纪大了，它就整天懒洋洋躺着，有日头就到院子里晒晒太阳，晚上也不出去巡屋了。有一次它到巷子里溜达，被自行车撞在左后腿上，伤得很重。它挣扎着爬回家来，已经奄奄一息。我们束手无策。后来母亲想了个办法，把消炎药磨成粉和在牛奶里，用注射器喂它。它估计知道这是能治病的药，费尽力气喝下去了。用这办法我连着给它喂了好几天，它奇迹般地好起来了，慢慢地能吃点鱼饭，又能走动了。我们全家都非常高兴，每天都给它喂一些剔掉骨的鱼肉。不过毕竟年纪大了，这次又大伤元气，没过多久，一天夜里它便在我给它做的窝里无声无息地死掉了。父亲怕我们小孩子伤心，悄悄把它带去野外埋葬了，回来后才告诉我们。我现在家中还有我和这白猫的一张照片，十来岁的我坐在老屋的藤椅上摆弄一辆新得到的四驱车，一边胳膊肘里夹着还是小猫的白猫，一人一猫都好奇地盯着车。

猫的寿命并不长，一般也就十岁左右，能活个十几岁的猫算是长寿的了。所以家中养猫的，总免不了送猫儿走。甲子的风俗是家中的猫死了，会到野地里给猫儿寻个地方掩埋，讲究一些的会用薄木板或者盒子做个小棺木，甚至还会为之烧上一些元宝纸锭、插上几支香，权当做个微型的法事，超度这小小魂灵。毕竟这生灵在家中待了那么久的时间，早已经成为家中一员。而且甲子人总是迷信神佛、轮回，或许这家中老去的猫儿会托生再到家中来呢。

乡下地方养猫可不光是作为宠物的，还要其承担捕鼠驱鼠的职责。我小时候住在狮头巷，家里的老屋是七十年代修建的，已经二十来年了。屋子住久了，就会自然而然出现很多杂物旧物，而且每一样都舍不得扔了，只能越堆越多，常成鼠辈乐园。加上墙壁、管道老化，流窜作案的老鼠有机可乘，防范难度也极大。所以只能依靠猫儿，也就一直养着猫。家里的猫能驱鼠，尤其是有“杀威”的猫，鼠辈望风而逃、抱头鼠窜，方不辜负主人辛勤养育之恩。甲子俗话说“好猫管三厝”，夸张的还有“好猫管百家”，养一只好猫，邻里都不会有硕鼠之患。

能不能驱鼠，有没有“杀威”，甲子本土有一套相猫的标准。甲子城内九如馆饼铺的许老先生是我朋友的祖父，很会养猫相猫，曾手书《相猫经》云：“猫儿身短最为良，眼用金银尾用长。面似虎威声振喊，老鼠闻之立便亡。”这些都是能杀鼠的好猫在形、貌、声等方面的具体标准。我估计饼铺内美味诸多，养猫应该是标配。但能总结出这些相猫经验，一定是个爱猫之人。甲子所内对好猫的形貌还有一些专门的名称，如浑身乌黑而蹄雪白的唤作“四脚踏雪”，背黑而腹白谓之“乌云盖雪”，浑身雪白而尾异色的唤为“雪里拖枪”，这其中尤以黑尾的为优。另外还有“白长串道”“金被银床”“将军挂印”等等，不一而论，真是门学问。

差的猫也有标准，比如许老先生的《相猫经》里还记载了“露爪龙翻瓦，腰长会走家。面长鸡种绝，尾大懒如蛇”。对毛手毛脚、不顾家、贪吃、懒惰的猫儿，进行了无情的鞭挞。清人有本《猫苑》，分种类、形相、毛色、品藻等专门说如何相猫看猫。近年网上热传的有今人画的《百猫谱》，专门将各种名称的猫分门别类画出来。我上网找到这两本书粗略对比过，甲子所内相猫、名猫的方式，基本上都是大同小异，说明还是很有渊源的。

按照上述标准，在甲子当一只猫真不容易！要有一副好相貌和完美外形，品性要优良，业务能力也得扎实。还是当城市里的流浪猫日子比较好过，总有人来喂，也不论这些猫是否能驱鼠护家，尾巴长不长、毛色美不美，还有对不对得上《相猫经》里的名称。不过要是让我选，我还是宁愿到以前的甲子所里当一只好猫。白天在院子里晒着太阳懒洋洋睡觉，偶尔心情好就陪小主人玩玩游戏。晚上就把大眼睛里面的小灯泡打开了，用带小肉垫子的四蹄在瓦房顶上悄无声息地巡逻。而且甲子所就在海边，一天三餐鱼腥海味是少不了的。谁愿意当个城市的流浪猫，浑身脏兮兮，吃那些和药片一样的猫食！

狗

我没有养过狗。在城里养一条狗太麻烦了，每天得遛一遛。我有时晚上在小区里跑跑步，看那些带狗出来的人，穿着睡衣，打着哈欠，手里拿着报纸随时准备包狗粪，被活蹦乱跳的大狗小狗扯着绳子往前走，人狗俱累。住楼房还是不适合养狗，没有场地给它们撒欢跑，对人对狗都挺辛苦。狗这动物和猫不一样，再小的狗还是需要自己的一片活动空间，而且不像猫一样能自己出去溜达完回家来。还是得先买别墅再养狗。

以前甲子的平常人家养狗，没有把狗当宠物的，主要作用是看家护院，随主人干活。甲子以前基本上只有一种狗，甲子人唤作土狗，毛色多是黄棕色或是灰黑的。也就是学名“中华田园犬”的。这种狗和柴犬外形差不多，但毛没有柴犬那么蓬松，嘴巴短、额头平，耳朵高，有的还会折下来，尾巴常常翘起来像个细长的鸡毛掸子。现在甲子人也养各种宠物犬，多是吉娃娃、松狮、贵宾什么的小犬。我在甲子海滨路见过有人在遛一条大白熊犬，正是潮热的夏天，那狗拖着一身白色的长毛，伸着舌头呼呼地喘气，天可怜见！它祖上一定想不到，后代子孙会沦落到温带地区当宠物。

在甲子还是养条土狗合适。以前我家住城内西头巷时，一家卖肉的邻居养了一条颜色介乎灰黑的土狗。这狗在同类中算是身材高大的了，肉爪子有拳头大，毛色油亮，样子很是凶猛。估计因为主人的职业，这狗吃肉啃骨头应该是不愁的，生活质量不会差到哪里去。这狗天天随主人出摊，其他时间就躺在自家门口。从来没有见过它系上条绳子，见生人过来就一抬头从喉咙里低吼一声，不怒自威。我当时上小学，上下学的路上要经过它家门口，我总是提心吊胆的，远远就低头垂目，避免与其视线相接，以免惹怒它。后来有一次我和巷子里一家木匠的儿子一起下学，他比我小，低一年级，快到巷子时，我便提醒他小心恶犬。他问清是谁家的狗后，很是不以为意，告诉我这条狗乖得很。到了巷子口看到那狗了，他大声呼喊其名："乌鼻！乌鼻！"那狗果然乖乖跑过来，摇着尾巴围着我们转圈。我大为佩服。他不无得意，告诉我说见到狗一定要先叫名，一叫对了它就知道是熟人。这倒是个好办法。而且甲子的狗，名字来去就那么几个，不是叫"乌鼻""大目"就是"短尾"，要不就根据毛色名作"大黄"或者"乌仔"，威猛的唤作"阿狮""阿虎"。要是见到不认识的狗，可以先根据外形随便叫几个名，一对上了就不用怕了。

甲子的狗都是吃家里的剩饭剩菜的，家家都是把饭菜搅拌一下喂狗。讲究点的买点带肉的大骨棒，煮熟了给狗啃。不能给狗喂鸡鸭骨头，说是怕狗知道味道了会去抓鸡鸭吃。其实狗不会啃鸡鸭骨头，吃了很容易卡住，甚至划伤喉咙食道，所以不喂这些。一般人家都是剩饭浇点肉汤，或者把鱼、肉搅拌进饭里喂狗。狗也会自己出去找吃的，市场周围，肉摊左右，饭馆外，狗们总能找到点吃的东西。有的人家会把猪肝煮熟切成块用来喂狗，说是吃了毛色好。不过顶多也就这样了。甲子人认为狗不应该吃太好的东西，谁家要是对狗太过精致，多半会认为是超过了一条狗应有的本分。我有一个族内的叔父，年轻时赚了点钱，曾经一次给家里的狗喂了三个煎鸡蛋，至今还被诸多亲戚，作为不会过日子的典型进行举例。即便现在，乡村里还经常能看到流浪的野狗，大多瘦骨伶仃，有的毛也秃了不少，在垃圾堆里翻东西吃。村里人看了习以为常的，没有人觉得应该专门买点狗粮来喂这些流浪狗。要是听说城里人给狗买个磨牙的棒棒比肉还贵，甲子人一定惊讶得嘴巴合不拢！

土狗的模样并不讨巧，但其实非常聪明。看家护院这种小任务不在话下，捕鼠也不算额外的职责，乡下地方好的狗甚至能赶鸡回家。土狗养久了，能听人话！狗做错了事，主要惩罚措施不是打，主人一般都是命令其蹲下，狠狠训上一顿，严重的不给饭吃。土狗听得懂，大眼睛夹着泪，委委屈屈的。土狗的智商应该是挺高的！不比几岁的小孩子差。我小时候经常到一家亲戚家去，他家有一条大黑土狗，养了很多年了，非常乖巧。一次我和他家几个半大小孩一时兴起，几个人轮流把它当马骑。它看是小主人和它玩，一声不吭给我们骑了半天。后来大人出来把我们骂了一顿，说狗的腰是最没力气的，这狗年纪也大了，小心把它骨头压断了。虽然它并没有怪罪我们的意思，但我们觉得很是对不起它，偷偷给了它好几粒猪肉干吃。其实论年纪它比那时的我们都大呢。

我的祖父说他年少的时候，家里养了一条黄狗，站起来半人多高。这条狗的额头上有两个白点，看起来像长了四个眼睛，所以起了名叫“四目”。祖父回忆起这狗，说它聪明绝顶！主人要出门了，把狗唤过来交代一下，它就乖乖在门外看门，不是主人回来谁也不让进。家里人下地去，这狗就跟到田边。有时人去树荫下休息了，唤它把镰刀和竹篮一一叼到休息的地方，它一声不吭几趟就完成了。下地时带了大瓦罐的茶水，无论天再热，主人没喝完再召唤它喝，它一口也不会舔。我祖父长大后到家族的私塾开蒙，后来又去读新学，这狗每天都是陪着祖父去到学堂，再自己回来，每天傍晚还会到村头等祖父。祖父说他经常中午剩下一小块米饭捏成个小饭团，蘸上一点点酱汁或菜汤，用纸片包着，回家时喂给它吃。

后来祖父考初中时到邻镇的惠来考试，甲子到惠来之间有条小河，那时候河上没有桥，过河都得坐渡船。这狗陪着祖父到了渡口，看祖父和一群同学上了渡船，它在岸上坐立不安，一声声喊祖父。祖父反复让它回去，可是它不知道祖父要坐船去干什么，又跑又叫，很是紧张。看船开出去了，这狗也跳到水里，游到船边不停叫唤，一路跟着游到了河对岸。下了船祖父再三和它说，它才理解主人没有危险，依依不舍地又游回去了。过了几天考完试放了榜，祖父考了个全县第一名，坐渡船回甲子。还没到对岸，就看到这狗在渡口等着。祖父开心地大喊："四目！"那狗听到也不断叫唤，在岸上又蹦又跳。一船的同学都说这畜生比人还有感情！后来解放前有一段时间乡村都搞打狗活动，村子里不让养狗。虽然家里东藏西藏，但这条大黄狗还是被人捉去了。祖父听到消息赶到关狗的地方，听人说已经被抓去杀了。祖父不忍心看，便回家叫他哥哥去杀狗的地方辨认，得到确定的消息后伤心了很久。后来祖父也从没再养过狗。

我读高中时，有一次陪祖父到三角楼附近送书法装裱，回来的路上遇到一条流浪的黄狗。祖父停住脚步看了那条狗一会，指着它告诉我说这狗很像"四目"，也是额头上有两个小白点。那狗看见我们在看它，迟疑了一会，慢慢地跑开了。祖父看着它跑远了，又告诉我说"四目"比这条狗大，跑起来有力气，尾巴一耸一耸的。

我没有见过“四目”，但我知道那应该是条好狗，不然祖父不会对它那么有感情！

现在甲子的土狗越来越少了。没有院子养狗太麻烦，住楼房的更不用说了。听我几个叔公辈的老人聊天，以前甲子郊外还有“城狗”。说是比家狗的个子小一点，嘴巴尖一点，经常几条一起行动，跑到镇郊的乡下捉鸡。以前甲子所的城墙还在的时候，傍晚时分这些城狗经常跑到城墙上，趁着天蒙蒙黑观察附近农户家的家禽有没有归家，有时还会叫上一两声。听老人说，城狗的声音有点像小狗，短促而有力。我估计这是一种类似野狗的动物，或者也有可能是狼。那时候甲子城外有大片野地、山林，有的树木茂密，人迹罕至，野生动物不少。狐狸、黄鼠狼、蛇等都是常见的，毛鸡、山鸡和水鸭等都还在山上寻得见。现在慢慢地都住了人、开了厂了，留给野生动物的地方越来越少了，自然看不见了。或许有一天，甲子镇内也都会慢慢都是楼房了，家家都养那些漂漂亮亮的小宠物狗，和城里一样每天坐电梯下来楼下遛一遛，那时候可能在甲子内土狗也难得一见了！

昆虫

那些难以入眠的夜晚，昆虫们来到我的床前。它们从遥远的故乡来，带着泥土的味道和悉悉索索的响声，翅膀上挂着晶莹的露珠。它们陪伴过我的童年，现在我回想起早晨时分，那个海港小镇某条曲折细长的小巷子里叫卖豆花的悠长声音，总会有一匹熟悉的小兽，从老屋阳台的某一盆花草中，和着初升的阳光，低低地鸣叫起来，或者直接展开半透明的翅膀，画一个无规则的弧圈，飞走。

房角边的几蓬乱草中、野地的草丛里，最多的是“草猴”，也就是学名唤作蚱蜢的昆虫。“蚱蜢”这个名字远没有“草猴”形象，如果你看过它们在草丛中的游戏。用带着细细尖刺的几对脚攀住一棵草，忽然一弹，已经到了另一棵草上面，颤颤巍巍地站住，再举起一对前脚，互相摩挲着。像极了在森林中攀爬跳跃的猴子。而这片小小的膝盖高的草丛，就是我们与它们共同的森林，隐蔽的游戏发生的地方。

有一种草猴是方头圆身的，身形较大，我们唤之为大草猴、方头猴，或者直接唤为大头。另一种尖头扁身，个子小，就是尖头草猴，也可以叫草猴仔。都是绿色的躯干，长长的触须，还有几对带刺爪的脚。所不同的是大草猴的一对后腿比草猴仔的大得多，更有力，跳得更远，后腿上还有一排锯齿一样的刺，捉的时候得小心点，不然它一蹬就能把手挂一道小口子。

这是按照大小区分，还可以再细分为“红军”“乌军”，就是看它里面那层薄膜一样的翅膀的颜色，红的为“红军”，黑褐色或其他杂色的为“乌军”。大草猴比草猴仔厉害，红军比乌军厉害，带红翅膀的大草猴就是最厉害的了。要是能捉到翅膀全红、个大牙粗的大草猴，一般在游戏中就不会输了。游戏包括“打仗”，就是用砖块、石片围起一片区域，用长草叶怂恿挑逗里面的两匹草猴撕咬对战，以掉翅、掉脚或逃跑定输赢；还有就是在两匹草猴肩背上系上细线，同时往空中一抛，看谁被谁拖着飞，就算输了。这是常见的，还可以比跳远、跳高，但有一定风险，因为进行这些游戏时它们随时有逃跑的可能，所以非在屋子里玩不可。但在家里玩耍野地里捉来的虫儿们，非常不明智，直接暴露偷跑到野地里顶着毒日头抓昆虫的行为，遭一顿打骂外，费尽心机捉来的红军大草猴也往往难逃厄运。

另一种昆虫有季节性，夏天时才出现。西瓜上市了，它们也嗡嗡叫着紧随而来。没错，就是金龟。个头不大，就是大拇指肚那么大，有赤金色的，有黑金色的，还有发着幽幽蓝光的青黑色的。金龟的壳都较硬，翅膀不大，飞起来嗡嗡响，又快又急，想捉它可不容易。但有一个办法，保证能稳稳当当捉到金龟。就是把吃剩下的西瓜皮，放在通风见光的地方，总有那么一两只金龟子，会闻到空气中的甜味，挥舞着翅膀扑到西瓜皮上，吸西瓜肉的汁，轰都轰不走，两指一捏就捉住了。所以夏天时大街小巷某一家的窗台上，总有放着西瓜皮的，不消说，这家一定有小男孩。

比起草猴，金龟能玩上多些时日，只要给它点西瓜皮吃就行了。玩法也简单，在金龟身上系条细线，就可以掌控它的飞行了。但系线也要技巧。一般的会系在金龟后腿上，可有些“硬性”，就是脾气比较刚烈的金龟会边飞边把后腿蹬断，用一条后腿换来自由，你手中的丝线一端就剩一条金龟腿，没甚可飞的，最扫兴不过了。高手的做法是把线系在金龟的头与躯干之间的缝隙中，不紧不松地套上一个环，不会勒死它，也不会轻易让金龟飞走。小时常擎着这么一条线，任细线另一端的金龟嗡嗡飞着，自己跟着一路小跑。还有一种昆虫，与金龟相仿，个头长相都差不多，就是没有黑金色的外壳，是灰黑色的，有点臭味，我们唤作“臭龟”，虽然也能飞，但因外形不够金龟漂亮，加上臭味，被小孩子视作金龟系列中的下品，不屑一玩。

还有螳螂。因为不多见，所以比较珍贵。运气好的，能捉到一只半个巴掌大的大螳螂，能炫耀上不少天。而螳螂的生命力也强，如果关螳螂的盒子里放上些鲜草，盒子底撒上些土，能活上好几天。螳螂的动作优雅又冷酷，身子修长，有着大圆眼睛和长须，举着一对大刀。你尽可把它想象成古代的武将，在桌子上堆放杂物，看它翻山越岭，单刀赴会。螳螂飞起来也很好看，大翅膀画出花团锦簇的圆圈，直上直下的，像一朵墨绿、浅绿相间的花儿。但危险性也不小，我的手就曾被一只螳螂的大刀拉出一道长口子，现在还有隐约的疤。不过说起来，哪个乡下小孩身上没有几道玩疯跑野留下的伤疤？海岬边镇，民风彪悍，小孩子都把伤疤当勋章挂在身上，男孩子长得白皙点都会被笑话。所以越是野地越要去，越是难捉的虫儿越要捉来，看是昆虫小兽，也是乡下孩童与生俱来的野性所在。

还有一种昆虫，是小时的我们所熟悉的。以前镇子上多池塘，房前屋后常有沟池，如果天将下雨，池塘上必飞着大群的蜻蜓，俗语叫做“沙蠛”的就是了。我印象深刻的还有一件事是，以前家家竖着电视信号杆，在长竹竿上绑着信号接收天线，台风来前，都把这长竹竿卸下来。一年刮台风时，请了邻居来帮忙卸家里的天线，发现竹竿上落满了蜻蜓们,起码有两三百只,一动不动地伏在竹竿上，竹竿卸下来了它们也不走，顺手一撸就是好几只。邻居说，这次的台风看来小不了。果然，那次的台风级别不低，镇里不少地方还都受了灾。

蜻蜓长得很像一架小型的直升飞机，这也是男孩子们喜欢它的原因之一。谁没有过在腰里别着小手枪，渴望长大后当一个解放军的时候？真的直升飞机见不着，蜻蜓也能当成昆虫中的战斗机。擎一条系着蜻蜓的细线，口里发出想象中导弹、激光的声音，跑过草地土堆，这心中的快意，谁说不胜过驾驶真正银鹰激战长空的飞行员？

萤火虫也是常见的，我们对其昵称为“火金姑”。“火”是灯火，“金”是明亮，更是金贵、爱惜（这是亲昵的爱称，像管小孩子叫“金金”），“姑”指的是女孩子，“火金姑”就是举着明亮灯火的可爱小女孩。所以小男孩们抓来放在透明小药瓶里，呵护着，喜欢着。不过有讲究的大人说这是小鬼的魂魄变的,晚上出来阳间玩,不能捉。谁管那么多，顶多捉来玩一晚上，回家前放了就是。自己也喜欢找人一起玩，将心比心，即便是小鬼，也得有人陪着玩吧。

有些昆虫不像上面几样以形取胜的偶像派，它们是实力派的，靠的是嗓子和唱功。蝉儿，也就是“知了”，在我们那儿唤作“盐知巡”。把它装在火柴盒里，藏在兜中，时不时它就鸣叫一声，效果与后来的 BP 机相仿，也都是身份的象征。BP 机现在连寻呼台都取消了，可我相信，在故乡的某个角落，还有小孩举着粘了蜘蛛网的细竹竿，在某棵树下寻觅“盐知巡”美妙声音的来源，这就是天然与人工的绝对区别。甲子有童谣提到它：“盐知巡，叫匀匀，叫到五月节，扒龙船。”它也是夏天的象征。还有蟋蟀，也是其貌不扬，灰黑色的五短身材，也是有把好嗓子。不过很不好捉，循声而去，它又不见了，我也没有抓住过几回。蟋蟀是故乡的象征，诗经中多次提到它。我相信那些朴素诗歌的作者，年幼时也曾经在故乡的墙角野外，凝神倾耳分辨蟋蟀的鸣叫。他们翻开一块块砖瓦土石，拨开草茎枯叶，一如多年后在劳作间歇时歌而颂之，寻找这浓缩为一声悠长鸣叫的故乡。

不需要到野外寻觅，家中也有好玩的昆虫。比如蜗牛，在家里的墙边、花盆脚就能找到。我们唤它作“斗螺”，因为蜗牛能拿来相斗游戏。方法比较独特，各抓住一只蜗牛，用它们背上的尖角相抵，看谁的蜗牛被击破。另外还有一种不是野生的小虫儿，也是我们小时候的玩伴，那就是蚕。谁小时候没有养过几季蚕？找桑树摘叶子，或者到街边的老妇人篮中买桑叶，一片片擦干净，撒入养蚕的纸盒或竹匾，看它从小小的一条，长成白白胖胖，再到结茧、化蛾、产卵，一个秋夏也就过去了。

还有带大钳子一样牙齿的大蚂蚁、各种各样的蝴蝶、竹枝一样的长脚虫、扁头短身的磕头虫……这些昆虫们，陪伴我们从年少到长大，在这个海港小镇的野外，等着我们去捕捉，等待着与我们游戏，让我们打发一个个悠长的日子。时间粘稠而缓慢地流淌，我们在盼望长大的心情中长大。小小孩会长成大小孩，大小孩会长成少年，少年离开故乡时，即便没有依依杨柳霏霏雨雪，多年后的一个五月时窗外盐知巡一声青翠欲滴的鸣叫，也会带来故乡后溪鞭炮齐鸣龙船竞发的景象——依旧与数千年前那个“蟋蟀入我床下”的古人一样的回忆。

扮景

和森哥轮流开了六七个小时车，到甲子家里已经快半夜，累得倒头就睡。第二天大清早就被森哥电话活活吵醒，一看时间才六点多，气得我问他是不是早上吃粥呛到了来求救。森哥毫不在意：“刚起床牙都没刷呢！别睡了，去看扮景。你要是请我吃粥也可以。”扮景有什么好看的！就是花车上几个穿戏服的半大小孩摆摆造型。我就说我不想去。森哥急了：“今天是过枝景！龙王庙百年庆典，扮景的都是专门从揭阳请来的专业队，都是生好姿娘！之前找我捐过钱的，不看白不看。”过枝景就是高空造型的，花车上做了专门机关，能把人固定在几米高的地方，在 PS 技术发明之前还是能糊弄下老百姓的。我实在困得不行：“你早又不说。你在外打拼这么多年，也没有见过什么世面。广州长隆公园的花车巡游都是鬼妹，你看过没？”森哥声调马上提高：“你怎么这么没有文化？这是非遗，文化传承懂不懂？什么长隆、迪士尼都是西方的，学外国的动画片，哪有什么传统文化的精华？你去过甲子文化艺术中心熏陶过没有？”我实在拗不过他，只好答应了，打着哈欠起床洗漱，等森哥骑摩托车来接我。

森哥父母都是甲子人，但他自小在广州长大。当年高考考了三次，后来家里花钱上了个学校不知道第五还是第六批的。现在继承家里生意赚了点钱，开始以儒商自居，上 MBA、读经、写书法、买艺术品，前几年 40 岁生日当天宣布即日起成为艺术家。平时家庭都不怎么理，每天晚上找几个半吊子江湖书法家画家喝酒，然后就去公司的书房写字画画。一千多块钱一刀的手札皮料宣纸，一晚上能涂几十张，满纸都是狗尿墙。难得的是周围的男男女女还不断喝彩，这酒真没白请。山猪吃细糠，看得人心疼！

后来又信佛。主要原因是有人夸他慈眉善目、体态丰腴，看起来有慧根。说的人多了，他也有些信了，反复揽镜自顾，认为此言不虚，便开始学佛。但又不好好信，花了大钱请了一个自称江西出生、成都开悟、青海得道的藏传活佛做师傅，专程接到广州来，光供养就不下几十万。后来才知道该活佛曾经在甘肃假扮道教天师与女弟子谈恋爱，还传销三无保健品，被正牌道观扭送过派出所。这事上过当地的晚间新闻，画面中一群道士摁着该天师往派出所送，一路走一路打骂，很是解气。这才悄悄找人把这佛爷送走，对外就说师傅云游去了。前年听说他差点去终南山参加一个闭关研修佛经的班，要辟谷一个月，钱都交了。他老婆看这样下去实在不像话，也是怕他再修炼下去生二胎的计划落空，出发前一夜借口研修不能喝酒，先在家里喝点送别酒，狠心用了点药把他灌醉了，飞机起飞了才叫醒他。他不知底细，很是懊恼，说佛缘未到，尘缘未灭。收敛了一年多，又和几个居士跑到西藏三个多月，一个电话都没有打回家。

他老婆想想长久下去不是个办法，和守活寡没什么区别，就提出离婚。他也爽快，孩子归老婆，家产也分了一半。在朋友圈发誓说进了佛门下半辈子就单身了，无牵无挂，乐得逍遥，还配了个弥勒佛的图。但是对传统文化还是很喜欢，尤其是海陆丰文化，自称是血脉中的灵魂寻根，长期回乡参与各类文化活动。其实别人就是看他能捐钱，他自己却认为已经成功打入文化圈，周瑜打黄盖，打的挨打的皆大欢喜。不过也是好事一桩，总强过供养来路不明的二手佛爷。

还没刷完牙，森哥的摩托已经到门口了，连摁好几声喇叭。我从楼上窗口一看，今天森哥打扮得非常大师，一身对襟绣龙灰唐装，脚蹬黑布鞋，脖子上一圈不知道玻璃还是玉的佛珠，戴着小墨镜，就是骑着个哈雷双排气的摩托有点不协调。我说我马上下去，森哥晃晃手腕，袖子里滑出一块闪闪发光大金表："阿弥陀佛，快到时辰了！"又说什么非遗保护刻不容缓什么的。我懒得理他，继续刷牙，叫他进来家里喝茶。他论辈分是我远房表哥，又都在广州，经常回甲子就叫上我，平日里也没有什么交情，但这人非常自来熟，热情得很，年龄又大我不少，只能尊重尊重他。

坐了森哥的摩托到了地方，远远就看见龙王庙彩旗招展，每个路灯上都挂着各色扎大红花的牌匾，写的无非海晏河清、风调雨顺什么的，看热闹的人里外三层。庙门口还设了卡，不让老百姓进去。几个穿皱巴巴迷彩服的保安过来检查证件，森哥从怀里掏出一个巴掌大的过塑证一晃，直接就开了进去。庙里前院也是闹哄哄的，彩旗队的几十个化了妆的姿娘叽叽喳喳挤成一片，半天排不起队伍，又少算了人，两对彩旗没人拿，领队的一个中年胖子急得乱跳。十几个西洋鼓乐队的队员穿着不是很干净的白制服，戴着大红缨帽子，在山墙下边抽烟边逐个点评彩旗队的姿娘。还有几个在给乐器调音，耳朵上夹着烟，腮帮子鼓着，大号、小号咿哇乱叫。一群妇女正在准备拜神果品的几十张桌子，有一张桌摆的果品数目不对，两个小媳妇互抓着对方发髻，一边转圈一边赌咒，无非是谁吃了供品断肠烂肚之类。众人看还没到真打的地步，也就没人过来劝架。还有从外地寺庙请来的一群和尚，刚摆上蒲团准备排练诵经，就被几个抬着三牲过来的工友喊起来，说是这片空地要放祭品不能占，猪都杀半天了早不见你们来念往生经。几个和尚气不过把禅杖法器都抓在手里了，还有几个就近扯来趁手的板凳、门杠。幸亏管事的跑来把师傅们安置好了，这才没有打起来。森哥看看这实在是乱，也没有人出来招呼他，就把摩托停在角落，喊我往后院去，说是办事处在里面，坐着喝茶等一等。

拐进后院果然清净好多。十来台精工细作的花车已经准备得当，上面的什么假山、云海造景确实水平不低，准备站人固定的各色机关，也已经焊接捆扎完毕。甲子当地几个出名的木匠、铁匠、竹匠和贝雕师傅，还有南门头修单车店的几个工友，正在联合做最后调试，均表情严肃不亚于火箭发射前的工程师。森哥非常满意，右手托左手，左手托着腮，欣赏了一番。几个认识的师傅也过来打招呼，森哥就部分花车的艺术主题和比例造型等发表了讲话，后来看大家都假装在忙没理他，这才喊上我到房间里喝茶。

房间外厅人却不少，十几个已经装扮好的姿娘后生仔正在吃盒饭，都是一会要上花车的演员。化了妆擦了口红，都张大了嘴用塑料调羹往嘴里送。不过确实有几个相貌出众的，服装妆容也精心设计过，看来确实是下了血本了。领队的看金主来了，忙不迭过来请安。森哥来了兴趣，挨个问小演员分别扮演什么人物，知不知道背景故事和历史传说。几个正吃饭的小孩，怕一会上了花车尿多，吃得没汤没水的，咽饭咽得眼珠子都快瞪出来了，谁还有空回答他历史背景！幸好领队醒目，说是到里面茶室去喝茶，才把森哥给拉走了。

茶室里一圈沙发，就一个瘦高中年女人正在泡茶。穿一身类似汉服的长裙，面容姣好。看到来了客人，她一点头右手一摆就当是请坐了。手腕上一个翠绿的玉镯子一闪，细长的手指夹着一根细细的烟。森哥和她照了个对脸，两道目光相触，如光剑相击，铿锵有声，火花四溅。领队的忙上前介绍："今天文化人遇上文化人了！森哥是大书法家、佛学家，欣姐是大作家，也是甲子人，今天请来做指导的。欣姐三十年前就扮过景，压场的观音娘！"森哥如梦初醒，两手伸出去握手："幸会幸会！怎么不知道我们镇上还有这么一个美女作家！"捧住欣姐的右手上下摇。欣姐左手就捂住嘴咯咯地笑："我在外地住，写点小东西，没有名气，自娱自乐。早就听说大名！"一边站起身来说："你们坐，孩子们要上花车了，我去看看造型。"走到门口，又转回头来："这次扮景，谢谢森哥了！"含笑一转杏眼，斜斜地扫了一眼众人，出门去了。

果然是扮过景的，虽然看着四十多岁了，可挟当年余威就这眼睛一扫，饶是我这样钢铁直男，也不由一个冷颤。可以想象全盛时期电量充沛之际其烟视媚行的风姿。看看森哥，更是被电得半张着嘴说不出话来。待欣姐一走远，我们几个坐下喝茶，自然说起这欣姐来历。领队带着刚被电到的余悸说道："还是姿娘仔时就人人说生好！森哥你没在甲子长大，不认识也正常。她父母原来在西门斜街雕玉的，现在铺面还在，转给外省人了。"森哥也在回味临去秋波那一转："难得难得，本乡本土出一个这么有气质的人！"领队说："出名也是因为扮景。三十年前大观音庵重建，借着观音出家日搞了一次大庆典，扮十八个景，请了揭阳的一个潮剧戏班，几十个做戏的姿娘仔，没一个能扮压场的观音娘！怎么化妆都不像。后来有人说，本地观音庵，还是要请本地观音，说西门斜街雕玉的卢家二姑娘才十二岁，出了名的生好，有个外号就叫雕玉观音！”

森哥端着茶杯也忘了喝：“有没有当时照片？”“那时哪有什么照片！全陆丰也没几个相机。不过她读初中时在镇上忆思照相馆照过一张，被洗出来挂在橱窗里，摆了得有七八年。那时候我也才十来岁，和我爸学做花车，跟着庆典的总理，提着四色礼到她家去请。到她家一说要扮观音，她妈说扮观音今后命不好，怎么说都不答应。不过后来真的不好命！三十岁才结了婚，不到几年又离了，无儿无女。现在就是搞个什么文创公司。”森哥笑笑说：“现在离婚也很正常，人生选择。”“森哥我忘记你也离过！不是那个意思，女人总是吃亏一些，又不年轻了。”“没事没事，你接着说。”领队一边说一边比划：“当时她妈双手硬拖着我们的礼品，死活不让我们放桌上。哎呀！她母亲天天雕玉的，力气大，胳膊有我两个粗。”森哥很是着急：“阿弥陀佛！先不说她妈胳膊，就说怎么请来的。”“观音庵的老主持给他家写了个招牌，让两个小尼姑送他家去了。老尼姑九十岁了，别人拿着一万元港币去求字都求不到！多大的面子。她父母没有办法了，她爸骑了个自行车载她来试妆。洗了脸，还没化妆，换上观音的白袍子一走出来，庵里的尼姑们就开始念佛号！”森哥把墨镜也摘下来了：“可惜可惜，未能一睹当时风采！要是在现在，手机都能拍照，马上就网红了。”

领队摆摆手：“网红化化妆就行了！扮观音难就难在不能化浓妆，观音菩萨哪有化妆化得大红大白的？按照扮景的话说，扮观音要‘有山有湖落过雪’，也就是鼻梁高、眼窝深，还要皮肤白。按照现在标准来说，就是五官立体肤色好，哪怕淡妆也能出彩。欣姐不用化妆，穿上白佛袍就是天生观音！到扮景那一日，十八个景一一出庵门。前面的人人夸奖，到压场的观音一出，大人小孩都无声无息，停了得有那么一分钟，然后哄的一声全部围过来了！妇女们都说大慈大悲观世音菩萨下凡了！”森哥正在作感慨状，外面几个戴着司仪红布条的理事人员跑进来了：“森哥你怎么还在这里，都在找你！马上开始了，镇长刚刚到！你的贵宾布条呢？赶紧给森哥找一个。”几个人架着森哥就往庙门走了，他挣扎着扭过头来叫我们：“晚上都到我家吃酒！叫上欣姐庆祝庆祝！”外面锣鼓大作，后面的听不见了。

我看着好笑。森哥这么一个中年文艺学佛男，算是极品了，今天遇上一个中年文艺资深美女，莫非看上眼了。领队也笑，说森哥平时很是稳重的，今天看来老鹿乱撞了。我说：“你要不要出去看看？”领队说：“不到花车出场没有我的事。欣姐也不简单，一个人过了这么多年了，从小人人夸她生好，有苦自己知道。”我也不好回答什么，就招呼还是回去屋里喝茶吧。陪着领队喝了会茶，听着外面领导讲话差不多了，我就和领队一起到后院看看花车准备的情况。本来想出去看看庆典游行的，可是外面鞭炮声震得我脑壳痛，我借口要上厕所，跑回房间休息了。反正森哥的车还在这，他也跑不了。等了约莫有一个小时，听着仪仗花车都出庙门了，又过了半个多小时，森哥的电话才来：“走啦走啦！”我到前院一看，森哥红光满面：“中午庙里安排的龙凤餐厅，你要是想去就过去，我不过去了！刚刚才找到欣姐，约了今晚到家里吃饭，你也一起来。我现在去港口看看有没有好海鲜。”我偷笑着说海鲜我也不懂，你先送我回家吧，晚上我自己过去。

到了傍晚我骑了个摩托到森哥家。他家是个三层小楼，下面有个小院子。院子里支了两只 LED 的灯管，摆了个圆桌几把椅子。森哥正在厨房忙着，从窗口看见我来了就喊：“进去喝茶啊，我洗几个红酒杯，几个月回来一次，东西都是灰。”我说你自己做菜啊，森哥说：“请了个大厨！”我走近往窗里一看，欣姐正在给鱼去鳞。走进客厅，森哥几个朋友在喝茶，脸上都洋溢着一种被人拖来陪着相亲的尴尬笑容，看见我来了都招呼来喝茶来喝茶，里面有人帮忙了！哪用你们说，我才不会进去呢。

等到七点多才吃上饭。欣姐抱歉说太久没有做这么多菜了，手脚忙不过来：“平常都是自己炒个青菜就行了，一个人吃饭方便。”说罢杏眼又一扫。森哥就坐在欣姐旁边，距离太近，电量集中，他差点往椅子后翻过去，定定神才说：“一个人不容易。以后没事来广州！朋友多，都是文化圈的，你谈得来。”欣姐浅浅一笑：“我们敬森哥一杯吧！今天主题是庆祝扮景圆满顺利，还要谢谢森哥呢。”自己先干了。我们都说要的要的，举起杯来喝了。森哥扬起脖子一饮而尽，开心得满脸褶子：“吃鱼吃鱼！小欣亲自做的，大家都尝尝。”我去，都叫上小欣了，我们几个对望一眼，都说吃鱼吃鱼！筷子举起来一顿夹。

吃到快十点，酒也喝得有点多。撤下了碗碟，在院子里喝着茶闲聊了一会。喝了两泡茶，欣姐站起来：“本来想着洗完碗才回去呢，可今晚真是喝多了，晕乎乎的。”森哥忙走过来：“我送你回去！你在镇上有没有住的地方，还是住酒店？”“我住酒店呢，房子早就卖了。不用劳烦森哥了，你也喝了酒不能开车。”森哥把电话拔出来：“你等一下等一下，我喊个人来开我车，我送送你。”一会过来一个朋友，开车把森哥和欣姐送走了。森哥摇下车窗：“你们继续玩啊，客厅柜子里有酒，要是打麻将桌子就在书房里，自动洗牌的。”我们都说好，我们会自己安排，不用着急回来！车一走几个人都笑，说森哥没那么快回来的，打打麻将吧！他们几个就到书房打麻将。打的台湾牌，我不太会玩，就没上桌，在书桌上翻翻森哥的书法看，不知道用的什么墨，一股脚丫子味！看了几张酒都醒了，就过去看牌。

一圈牌还没结束，森哥车回来了。我们都站起身，看是不是就司机一个人回来了。后车门一开，森哥出来了。我们都说怎么那么快！森哥一脸忧郁："就住在海滨路酒店，几分钟就到了。""上去房间聊聊嘛！哪有送到就回来的道理，又不是后生哥了，这个还不懂？"森哥没搭腔，走到牌桌旁看他们玩牌。几个人看情绪不对，牌也不玩了，问出什么事了，刚才聊得开开心心的。森哥慢慢说："人家心里都明白！回去路上就和我说了，没有可能的，她这辈子不再入情爱红尘了。""那是矜持！这个容貌，虽然上了点年纪，追她的人少不了，不矜持一下怎么行？"森哥说："你们不懂！""不就是这点事嘛，三岁小孩都懂的。那没有好感，怎么过来吃饭？还帮忙做饭。这么高傲一个大作家！"我们都说就是嘛，人家都主动来吃饭了，还是有机会。森哥凄然一笑："我也误会了！她说今晚过来，是有一个文创项目，陆丰皮影戏和动画结合的，她做了一年多了，资金跟不上了，希望我资助一下。"既然话都说到这份上了，也没有其他好讲的了。大家都纷纷说台湾牌不好玩，不如打甲子麻将，拉森哥上桌又玩了几圈，看看也快十二点了，就各自散去了。

第二天我就先坐大巴回广州了，森哥说还要待几天。后来听熟悉森哥的几个朋友讲，森哥陪着欣姐到陆丰、海丰几个地方跑了好几天，考察动画皮影戏，又说回来后森哥投了不少钱，还准备拍成网络电影。不知道有没有打动雕玉观音。又过了一个多月，几个老家的亲戚来广州，森哥请他们吃饭，叫上了我。我问他后来和雕玉观音有没有成功，他先作丈二和尚摸不着头脑状，才假装恍然大悟一拍大腿："你说小欣啊！我没有那个想法了，人家红尘早已看破！我们现在就是文化层面的朋友。"我说做个朋友也不错！欣姐什么都好，就是眼睛太厉害，看谁谁都被电得直哆嗦。他哈哈大笑："我也对她这样说！她说她近视几十年了，又嫌戴眼镜不好看，又不敢做激光手术，说眼科医生都戴眼镜，这个手术不能做！她看人不是故意那样的，人人被看了都受不了。"

我说欣姐年轻时不知道多漂亮！现在也秒杀一大群明星。森哥招招手让我靠近，把手机摁亮了调到相册，点出一张小姑娘的黑白照："她十五岁的照片！我让忆思照相馆一张张找老底片，洗出来再翻新的！"确实漂亮，不是庸脂俗粉那种美，真有一种大慈大悲的美。森哥收起手机，拿出一串得有半斤重的黑石头手串："阿弥陀佛！以前拜多了假佛，这次遇到欣姐，我也算见过真观音了。这次经历后，真真心如止水了。今后红尘滚滚，与我无关了！唉，不说了不说了，喝酒喝酒。"我心想你就吹吧，都是绿林响马老江湖了，不用在这推销酸甜蒙汗药，刚才点开相册，在场几人明明看到你下载的好几个妖娆微信头像了！江湖规矩，看破不说破，我们几个人举起杯来，同祝森哥早日脱离尘世烦扰，修得大成！

以前的风飑

甲子人管台风叫“风台”，或者写成“风飑”。这种和现代汉语对着干的方式，包括把“拖鞋”“客人”叫成“鞋拖”“人客”等等，都是古汉语在闽语中的残留，说明甲子人文化的确比较深。今年风飑不少，快霜降了还来了个“海马”，这是今年第二十三还是二十四个风飑了。甲子的歇后语说：“秋后风飑——一个硬挣过一个。”这个海马据说是建国以来正面登陆汕尾地区的风飑中比较厉害的，三甲地区也是受灾严重。幸亏妈祖保庇！还算只是被风飑尾巴扫了一下，不在中心区域，但也够吓人的了。前日海马登陆时，人在外地，心中忐忑不安。祖母与父母都在老家，平均年龄接近70岁，且中老年女性占三分之二，又都是手无缚鸡之力的退休知识分子，加之家中还有一院花草半垄菜。如果这次十几级的风飑真是正面袭击三甲，该如何是好？还好，风飑只是擦肩而过，吹了些花花草草而已，按我妈的话说是红瘦绿也瘦。真是侥幸。

以前我小时候，一说风飑要来，那可是件大事！靠海的地区，还有什么比做风飑还大的事？没有。而且以往哪有什么台风实时监控。除了靠广播零零星星的预报，主要就是抬头望天，看霞色，看月晕，看雨势风向，还有就是盼着听到打雷。“一雷压九飑”！打雷了风飑就不会刮过来了。只有这些靠天象经验的预测。所以要“抢风飑”，一看势头不对，渔民就要将船开回港入泊位赶紧固定好，再上岸拜妈祖，其他的就听天由命了。农民也要抢割农作物，尤其是刮风飑前一有暴雨，大斗笠一戴就下田，能抢多少是多少，管它有没成熟，不然不被吹飞也被涝死。盐工最辛苦！戴着斗笠背着蓑衣望着天，日头一弱就得收盐，一看没雨有点日头花还得把湿盐摊下盐田去。靠天吃饭，靠海吃饭，抢风飑这个抢字的辛酸这些人最知道！

风飑要是真的来了，还要“守风飑”。码头、渔场、厂矿等重要部位，刮风飑的前后要安排人看守，万一有严重灾情就要敲锣叫救。守风飑的都是老成有经验的，遇事好处理。这可不是轻松事情！风飑来时，排山倒海。1955年甲子的大风飑，把大包帆船从后溪的码头吹到了北门的城头，距离好几公里！真正刮起风来，人在户外就是一片枯叶。抵抗是抵抗不了的，只能抢运点物资。据说以前在码头屋中守台风的人，要在腰上系上拴船的麻绳，另一头还得系在石柱上，睡觉也不解的，防止被风卷出屋子直接吹到海里去！想象一个人像风筝一样被风吹着飞出去，这可让人笑不出来。

风飑一过，无论渔农商贾都会即刻恢复生产。对于渔民而言，风飑过后，趁着风浪未完全平静，到海里尤其是近海处捕捞，多有渔获。比如一指粗细、形如短绳的“红命”鱼，还有颜色雪白如小丁香鱼的“白藤香”，有时还有不常见的深海鱼，可见风飑把大海乱搅一通。因为是风飑来后的渔获，所以甲子人管吃这种鱼叫作“食风飑”，有点感谢风飑赐我饮食的意思，颇具乐观主义精神。风飑后农民也抓紧整理农田，排水清污，趁着风飑带来的凉爽和水汽，种植作物。商店市场也在关门数日后，开门招呼人客。以往风颱来前，家家要备好米、肉、青菜等，以及蜡烛、灯油、火柴等用品，还要储存好几大桶水。因为风颱一来，没有人开门做生意，停水停电也是经常的，很是麻烦。所以风颱一过店家市场就开门，不单是为了买卖生意，也是方便众人生活所需。以前说人添乱，有句俗话说“赶风颱生奴仔”，就是说趁着台风天生孩子，要啥没啥，乱成一团还添麻烦，真是非常形象。

以前我家住在狮头巷的老屋时，每次风颱一来，提前三五天就得准备。这叫“料风颱”，就是做好防御以备风颱，家家户户都要“料”的。除了把平常放在院子中的单车、桌椅、猫笼、杂物收拾入屋，还要把老屋二楼露台的花草全部搬入屋内，不然风一来把花盆吹楼下可不是玩的。一些太大太沉的花搬不了，也要把枝叶剪掉大部分，防止太过“兜风”，连根拔起，够收拾半天的。祖父爱好花草，种了大大小小几十盆花。平时我们小孩要从一楼手摇井中打水，一桶桶提上二楼逐一浇水，颇为苦事。台风天要和大人一起搬花入屋内，更是个苦差事，没有一整晌搬不完，风颱过后还要一盆盆搬出去。以前的电视信号都是靠立大竹竿挂鱼骨接收器的，风颱前要把竹竿放倒，把电线收回房间，风颱过后再接上、竖起。有一回家里放倒竹竿时发现上面停满蜻蜓，邻居说这次风颱小不了，后来果然不假。二楼带采光的屋顶和楼梯口，还要用红蓝厚塑料布蒙上，拉上绳索，防止灌雨进来。老旧的门窗，还要打上木条，在玻璃上贴上交叉的胶带。这些都是大工程，祖父和父亲要忙碌许久，巷子中几家人家的青壮年也会来一起帮忙。小巷中的人情味，风颱来时，或者红白喜事，更能体会得到。

以前还有“走风颱”的。就是住的地方处于低洼，或者房屋破旧恐怕难以抵抗风飑的，只能提前收拾细软，到亲友家中暂住几日。往往风飑过后，再回去就是一汪池塘或者就剩几个柱子了。民生多艰，非亲见不知。还有“法风飑”。“法”者，聊天也。风飑一来，百业停顿，无事可做，就到亲友家煮茶聊天，或者打打麻将三公，消磨时日。外面狂风暴雨，屋内单吊幺鸡，也是苦中作乐，不失为一件快事。

我记忆中，除非风飑就在港口正面登陆，或者学校被淹了，不然甲子的中小学校一般是不停课的。这一方面是因为每年都有这么多风飑，都要停课的话，影响正常教学进程。另一方面，如果全镇停课，家家户户的小孩不去学校，危害也不比风飑小。如果不是刮大风飑，对小孩而言还是比较有意思的。我们脱了雨鞋，一路赤脚涉水而行，享受平常没有的放纵。可以在沙土地中挖渠引水，再叠纸船放入竞航，多时达数十上百只，颇为壮观。用竹条和报纸做成菱形的简单风筝，尾部用绳子坠一枚大铁钉，借着风力也能飞个几层楼高。有一次我们还把数张木课桌反过来用绳索拼捆成小船，持扫把做桨，在操场中雨水积成的一米来深的水池中划船。风飑期间，大人都无暇顾及我们，所以可以稍稍做些出格事情，很是快意。我还曾和两个同学，在风飑前一日到东宫码头看渔民“料风飑”。这些渔民们赤着脚，在细雨中爬上高高的船桅，解下绳索打一个大结，准确抛给船上的伙伴。还有两个人在岸上，把船头的缆绳一圈圈拉紧套在泊位上粗大的绳柱上，同时有节奏地喊着“呦——呼，呦——哦”。印象非常深刻。

我老婆对风飑的记忆，主要是吃。第一个就是方便面。平常谁也不会在家吃方便面吧，只有风飑来时，炊食麻烦，才有吃方便面的机会。那时候的华丰面，一包五角钱，还可干吃，捏碎后撒入调味包即可，味道远胜后来的小浣熊。另一个是哈密瓜。我岳父岳母原来都是镇里冷冻厂的职工。我老婆带着憧憬回忆，有一次风飑时，因为好几天没有什么水果蔬菜可以吃，厂里就从冻库里拿出几筐哈密瓜分给职工家庭。据其回忆，该瓜非常甜、脆、可口，之后再也没有吃过那样的瓜。冷冻厂的职工楼就在海边，多年失修，风大点就开始摇晃。在此情况下，风飑来临之际，此人只记得个吃，让人敬佩。真是前方吃紧，后方紧吃。

虽也有不少乐事趣事，甲子人也天生乐观，但真正刮大风飑时，能感觉到的只有惊恐。如果风飑是夜里登陆，躺在床上只听得狂风暴雨呼啸狂奔而来。仿佛能感觉到黑夜中广阔的海水被巨风快速搅动着带上天，再化作瓢泼大雨砸下来。风雨像穿戴整齐盔甲、金戈铁马的十万大军，气吞万里如虎，呐喊着一齐冲锋过来，又调头变换阵形，再冲锋过去。镇上所有的人都静静听着，等待着他们肆虐尽兴后再离开。孩子哭闹起来，很快也明白这渺小的抗争是无谓的，便把声音哑了下去。自然如此伟大，天高海阔，一旦呈现出暗藏在内的极致残酷和冷漠，人群和赖以栖身的砖石，都是微不足道的。天地父母、妈祖、玄武大帝、陇尾王爷等等八方诸神，他们以往受了人间的烟火，现在正在旋风和暴雨中施展神通，对抗大军，庇护这个海岬边镇。慢慢地，一个时辰，或者是两个时辰，风小了，雨势也弱了，风飑刮过去了。

第二天一早，雨还在下着，妇女们戴着大斗笠，开始清扫各自家门口的污水杂物。男人们或者出门察看房屋和天气，或者往港口、田地去，看看台风给自己留下什么。每个人见面都大声地互相问候对方的人丁和家厝平安。回答往往就是一句甲子俗话："十二级风飑吹唔散！"没有人咒骂风飑。

柴火

清明前回家“过纸”——甲子人管扫墓叫“过纸”，匆匆一天半，扫了几处祖坟。因为给外祖父和舅父扫墓，所以我父母和几个姨妈、姨丈也都一起去。祖坟多在荒郊野岭，大多需要翻山越岭，有的车也开不进去。尤其是有的祖坟附近青草繁盛，进去都得先把草踩倒，蹚出一条路来，到了后还要劳作半天，锄草平土，才能有个祭拜场地，很是劳累。

我妈看着漫山遍野半人高的野草，惋惜地说：“这么多好草，要是家里还是烧灶的话能烧上一个月。”三姨说：“要是家家烧土灶，谁给你留这么多好草？”我妈不甘心：“来早点，先割了再说。”二姨较为理智：“山长水远的，等我们来到，农民兄弟先割了三回了。”事已至此，没有什么好的解决办法，三姐妹不由一阵唏嘘。又回忆起以往她们还是十来岁姑娘时，为了家中一日三餐所烧柴草，早出晚归到镇子周边的四乡割草、找柴的往事，更是感叹。那时她们为了找点柴草，走上几公里都是寻常事，还得背着这来之不易的草回来，一趟经常得花上半天多功夫。

这都是半个世纪前的事了。烧土灶的时代我没有赶上，这寻柴草的辛苦我可就不知道了。我便问：“草也不经烧啊，怎么不烧柴呢？柴还能烧成炭。”我妈说：“你倒是会想！谁家的树能给你砍？”二姨妈也是痛心疾首：“柴？要烧成炭还得是硬柴。哪有那么些柴放地上让你捡？能耙到草就不错了。要是下个几天雨，都没有干草，家里一做饭就和熏老鼠似的。”我妈倒是记起来一件事：“有过一次，柴随便烧，得有两三个月不用天天去寻草，有空才去割一些。”原来我外祖父曾经找了在附近镇上林场的一个学生，托他办了个砍伐证，自己到林场里砍了几十颗碗口粗的木麻黄树，将枝叶大概地去掉了，再找了个板车拖回家来。树是按棵算的，半卖半送也要点钱。当天请了几个亲戚朋友过来，将整树锯成一段段，摞在院子中晒干，要用时再取下来用柴刀劈开。我妈把左手虎口上的一块疤给我们看：“湿柴好砍，干木难开！这个疤就是劈柴落下的。好长一个伤口，流了好多血！那时也没有什么药，一个过来帮忙的邻居用火柴盒的火药片压着才止住血的，过几天也就好了。”

我妈那时候不到十五岁，按照习俗还没有“出花园”，只是个半大姑娘，就得劈柴做饭，实属不易。众人纷纷感叹，说现在的小孩哪能做这些事，有的孩子读大学了才第一次洗衣服，把衣服扔洗衣机里按个开关就万事大吉了，都不知道要放洗衣粉。我妈说：“那时十来岁都算大人了，当个劳动力用的。我们住在镇上的还好点，有柴草市场，四乡的农民兄弟挑着柴草来卖，实在不行还能买点回家用。你爸住乡下的，家里又穷，读书的时候每个周末都要到山尾村那里的树林子里，拾木麻黄树掉下来的‘毛仔’，那才叫辛苦，不也是十来岁小孩。”大家又回忆起当年找甘蔗渣作燃料的往事，说蔗渣不耐烧，蔗壳耐燃，但一大筐甘蔗渣用来烧火，也就能做一顿饭，还得添上点柴。上哪找那么多蔗渣去，哪怕有甘蔗也没有那么多好牙口的人。如果糖厂里有熟人，能走走后门搞点榨蔗机压出来的甘蔗渣，又干又好烧，已经是神佛保庇了。

开门七件事，柴米油盐酱醋茶。除了茶是闲余之物，其他都是“炊食”所需——“炊食”就是做饭，炊火煮食。这七件事，头一个就是“柴”，没有柴火，什么食都炊不了。也难为以前的妇女了。我说：“我记得小时候家里烧过煤炭炉，什么时候才有的？”我妈说：“那可不少年了，七十年代末吧，你还没有出生，家里才一直用的。之前也有，不敢多用，煤炭不好做。”煤炭炉用的就是蜂窝煤，把煤渣和黄土混合起来，搅拌均匀了，再用一个带着长把的专门模具“印”出一个个带孔的蜂窝煤，费时费力。镇上有专门卖煤炭的地方，在现在第一旅社附近，归国营的商业公司管理的。这蜂窝煤也有人专门做了摆出来卖的，但大家都穷，能自己做的就自己做，省一点是一点。我家的蜂窝煤也是外祖父自己做的，用来印蜂窝煤的模具是一个学生专门做了送给他的，不亚于现在送一套高级组合烤箱。煤炭炉的炉子一般都是用红土烧制的，镇上有专门做这个的店铺。后来改良了也有用铁皮做外壳的，但炉芯都还是陶土的。

二姨妈皱着眉回忆：“煤炭炉可麻烦了。先用火柴点燃报纸，再把小木条点着了，放进炉子中间，加上点炭条，火烧起来再慢慢加上一个蜂窝煤，烧旺了才能把蜂窝煤一个个加上去。”这得花上不少时间，要是等着做饭那可真是急死人。我妈说：“后来想了个办法，用粉笔泡到“火水”（煤油）里去，要用了夹一截出来，点上火再直接放进蜂窝煤，这个生火可快多了。”劳动人民的智慧，多数是因为生活所迫。不过也是因为外祖父和祖母都是老师，家里才能有那么多粉笔用来泡煤油，难以作为可推广经验。三姨妈也说：

“那也比烧灶好多了，起码不用找柴草了。那时的煤炭多金贵！生了火的煤炭炉不能熄火，一熄火再点费时费力，还烧得不彻底，浪费燃料。”我记得我们家也是这样，做完晚饭后，马上在炉子上放上一大壶水，烧开了就灌进热水壶。家家都有好几个热水壶的。哪怕烧个半开，也能用来洗澡。如果烧完水煤炭芯还没有烧完，就要在睡觉前将炉子的进风口松松地封上，让蜂窝煤的火苗在炉子半明半暗地慢慢煨着，运气好的话到第二天早上还能煮个豆浆。那时候都是这样，舍不得一点东西浪费，物尽其用。

正聊着，我爸和几个叔伯已经将香点燃了，喊我们几个过去拜祭。旷野风大，也不敢在草丛里生火，用了几个防风的火机凑在一起点的香。拜祭完毕，我妈又回忆起往日故事：“以前点个火哪有那么容易，都是火柴，质量也不好，有点风就点不着，划半盒火柴也点不了一支灯，点个煤油灯也就是鸡蛋那么大点的光亮。”老煤油灯我见过，有个玻璃的细长灯罩，上面是直的，亮火苗的地方鼓出来一圈，确实不亮。甲子人唤作“企灯”，因为亮度不够，也不能挂着，都是“企”（站）在桌子上用的，煤油版的台灯。二姨妈说：“后来的汽灯倒是挺亮！就是功夫太多。”汽灯也是烧的煤油，差不多小腿高，铁做的台座，上面一圈玻璃，用的不是灯芯，而是一个网兜状的灯胆。要加压，有个推拉的小把手，往里打气，所以叫作汽灯。亮度还可以，但用一会就会暗下来，还得取下来再打气加压，非常啰嗦，脾气不好的人用不了。以前我刚上学，我们一家还住在城内的老家时，我父亲经常在晚饭前将汽灯打气点燃，挂在院子中间，全家在院子里吃饭，吃完收拾桌子摆上茶具聊天喝茶。我外祖父经常在灯下讲古给我们小孩听，还教我们做手影。我对这些的记忆挺深刻的，和我爸妈一说他们也挺有印象。汽灯流行的时间不长，也就那么三两年的时间，电灯一普及它就退出历史舞台了。

等香燃了多半，看看天色不早，我们就收拾了祭品下山。走了一大段山路，才回到公路边，上了车开回家去。正是炊食的时间，我妈望着窗外的村庄研究了半天:“这么大个村,也没有人烧柴火了?看不到一点烟的。”三姨说：“现在都是用煤气啦，一百元就能买一瓶，谁还会用柴草，工钱都不止一百了。”二姨妈也说：“农民生活不比以前了！煤气灶刚出的时候,一个炉顶个干部的一年工资！谁敢买？还不算煤气。”我家是用煤气炉用得早的，87 年就用上了，那时我爸在外贸公司，单位效益好，作为员工福利给每家送了个皇冠的煤气灶，那时市价一千元，相当于现在一部小车了，每个季度还有 4 瓶免费的煤气领。不过煤气没有送上门的，都是我爸自己骑着自行车去载回来。我妈说:“那时免费的煤气用来做饭差不多够用，但是日常煮水喝茶、洗澡什么的，还得用煤炭。你爸才七十多块钱的工资，一瓶煤气要去买的话就得 16 块钱，后来涨到 25 元！给个炉我也用不起。”即使这样，我们刚用上煤气炉时，我一个邻居来了串门，看到我家竟然斗胆用上这么昂贵的高科技产品，还是吓了一大跳，说我家发大财了。发什么大财！不过想想那时候刚刚改革开放，有钱人的标准也不过是万元户，一个一千块钱的煤气炉真的不便宜了，要是买的话绝大多数人买不起。

可见那个年代大家都穷成什么样了，一个现在普普通通用来炊食的煤气炉就吓坏了。现在电器也便宜，家家户户都用着微波炉、电磁炉，好多人家还有烤箱烤炉烤铛，做面包有面包机，煮饭有电饭煲，炊食就是按个按键就行了，哪还有人找柴生火扇炉子，还有抽油烟机，再也不会熏老鼠了。回家路上看着满目青山碧草，大家纷纷感慨不已，说便宜了养牛的了，怪不得镇上开了那么多牛肉店。

士兵

征兵季又到了，满街都能看到红彤彤的标语海报，一些宣传点还循环播放着军旅歌曲，非常辟邪。激昂慷慨的宣传口号，先进的舰艇飞机，还有帅气的军装，看得年轻人热血沸腾。从军报国肯定是热血男儿理想。我要是年轻几岁，也想填个表去，再戴朵大红花站在军车后厢上含泪挥手作别乡亲们，到部队去锤炼上那么几年。

甲子人比较实惠，以往部队士兵退役还分配工作的时候，当兵是条好出路，挤破了头抢着去，而且必须出身好、家庭好、身体好，还得吃得了苦。尤其是改革开放前，做生意都没有地方去，往外走的只能乘船下海，不是到外洋打鱼就是下南洋谋生，近的到香港、台湾，远的暹罗、缅甸。所以常规选择的出路就是读书和当兵。大学没有扩招之前，能够读书读出去的也不多！一个甲子中学，远近几个镇的学生都来读，一年能考上大学的也就那么几个，大专生都看成宝贝。所以在我父辈年轻时那个年代，能去当兵的都是镇里、村里的好后生，政治过硬不用说了，素质、身体都得是一等一的，不然大家都说你不像个兵。

能够祖坟冒烟，选得上去当兵的，在当时而言下半辈子就有着落了。能在部队混出个名堂，留在部队里面任职，当个排长、连长，回家省亲，县里、镇里都得派人出来寒暄几句。就算在部队锻炼几年，政治上能入个党或者入个团，或者级别上能提个干部，哪怕班长也好，回来地方一分配工作，那可以算得上后备干部了。部队里都能干好，地方上这点事能难得住他？以往镇里不少干部，包括国营几个大厂子的干部，都是退伍军人，回来后逐步提的干。一说当过兵，大家第一印象就是政治过硬、纪律严明，尤其在上世纪七十、八十年代，部队转业四个字就是个金字招牌。

就是在部队学个技术，回来也是吃香的。电焊、通信都是好专业，回来能赚钱的地方多得去了。当个司机兵，回来更吃穿不愁。那时候会开车的不多！而且部队出来的驾驶员，个个会修车，更不容易。那时街上的车基本都是机关单位的，也就那么几部，不管新旧，只要轮子能动的，都金贵得很，没个好司机怎么行？以前我爸单位的公车司机就是个退伍兵，理个小平头，劳动服穿在身上和军装一样服服帖帖的，伺候那辆旧面包车伺候得一丝不苟，每天早上都在擦车，车轮都是闪闪发光的。脾气也好，随叫随到，见人就先立正，谁要借个车也好说话。单位不少大姐都想把女儿嫁给他，那样用车就不用愁了，没事都可以去去东海、惠来，买罐麦乳精、做个新潮发型都方便些。

哪怕到了部队去的是炊事班，切菜颠锅几年下来，那也是学技术了，比现在上蓝翔技校还实际，回来地方就是大厨了。而且甲子以往谁家里有个红白喜事，都要大灶大锅，一次几十上百人吃饭。你想想部队几千几百号人的饭菜都能做，这个完全不在话下，专业方向完全对口。不过话又说回来，甲子大厨的标准，比起部队炊事班来那要高得多，甲子人的嘴也要刁得多，几样传统菜式的做法，不是三年两载就能学出来的。但即使学几样菜回来开个饮食店，不用分配工作也能应付生活了。技多不压身！而且在解决温饱作为“三步走”计划第一阶段目标的时代，能到部队炊事班，那就能敞开吃几年了，诱惑力也不小。

那时相对于尚未开放的甲子而言，当兵的都是洋气的。军装就不用说了，在全国风靡军装、军帽、军挎包的年代，有一身正宗的制服，走在大街上能收割不少注目礼。部队的“三接头”皮鞋，也是好东西，坚固耐穿是一回事，穿上脚也是身份的象征，即使不是部队回来的，也是部队里有人，享受见官高一级的待遇。带黄帆布带的绿色军用水壶、正中间有个五角星的军用腰带，还有土黄色的解放鞋，都是时尚流行用品，有一件能吹嘘上一段时间了。我小时候到乡下一家亲戚家里去，他家有个小孩当兵去了，大厅的墙壁上挂着光荣军属的大奖状，还挂着一个军用水壶，擦得铮亮，估计不在乎其实用价值，主要还是用于展示。当兵的还有一个时尚之处，就是会讲普通话。众所周知，甲子乃至三甲和其他潮汕地区一样，在普通话的推广使用上存在天然障碍，会说几句的也基本上是“半咸淡”的塑料普通话。当几年兵回来，能说一口流利的普通话，已经超越绝大多数本地人了，怎不让人好生羡慕？四乡的老百姓，就是被当兵回来的同乡，半开玩笑地骂一句“他妈的”，心里也是甜丝丝的，这比乡下的粗话詈语好听多啦。

当过兵的，性格习性也会截然不同。我岳父当过兵，海军，曾经在湛江某部待过六年——三年义务期表现优异，又被留下来三年。现在老人依旧保持部队作息时间和习惯，六点半起床，十点半熄灯睡觉，中午按时午休，就是把早上的跑操改成散步了。每天准时观看电视上的新闻，凤凰台的军事报道节目也是每期必看，对参考消息和各路内参信息都饶有兴趣，对我军及有关国家地区的先进武器特别是舰艇的发展及主要将领变动情况了如指掌。还要关注全国、沿海的天气预报，因为现在即使进入现代战争时代了，但天气还是战争中关键的决定因素之一。这是当过兵的人共同的习惯或者说秉性。这些是生活习惯，当过兵的人员性格里，更有一种吃苦耐劳的精神。八十年代我有个亲戚当兵去了，在部队时是个好兵，退役后回到乡下，不甘心当个农民，跑到外地打工，即使到香港探亲，也干建筑工赚点外快，按他自己的话说，为了多赚点钱，吃饭都是边挑砖边吃的。赚了点血汗钱回来后，又在乡下搞果树种植，慢慢地发起家来，过上小康生活。因为能力和眼界，还被选为村支书，带领村民致富，提起他人人夸奖。可惜没过上几天好日子，得病去世了。这人要是再长命一点，以他那部队里学出来的好品质，爽快仗义的性格，吃苦耐劳的精神，能干出一番更大的事业。

现在镇上虽然每年征兵都还不缺兵源，但远没有二三十年前那么热门了。就是我身边同龄的老乡、同学，去当兵的还真不多。退役后自谋职业是一方面原因，另外现在年轻人哪愿意到部队吃苦去，就算没有赚钱的门路，到广州、深圳打个工也饿不死。人生选择多了，当兵就不再是最热门的选项了。个别参过军，包括进了武警部队的，现在绝大多数也都是自行创业，生活和部队的经历完全无关了。

不过甲子历来并没有出士兵的传统，去当兵的都是凤毛麟角。现在说当兵是保家卫国，光荣的事。古时当兵只是吃兵饷，养家糊口的营生，和干铁匠、木匠没有什么不同，就是危险性高了点。以前古时候一个地方的人中能够大量出吃军饷的，无非一是民风彪悍，二是穷。你看看全国的红色老区，哪个在解放以前不是穷地方、乱地方？大清朝以前，老百姓怕兵和怕匪是一样的，流寇匪兵没有什么区别，兵还更狠一些，“匪过如梳，兵过如篦”。当兵是为了赚兵饷养家糊口，老兵油子下起黑手来更是比土匪还凶。古语都说“好男不当兵，好铁不打钉”，好人家的小孩哪有去当兵的？贵族也有从军的，尤其是崇武的时代，但那都是当军官去，哪有当大头兵的。民风淳朴的地方出不了兵，富裕的地方大家安居乐业，不是乱世连窝都不愿意挪，谁没事愿意把脑袋系在裤腰带上去打仗呀。

甲子这地方则是例外，要不就是近海尚商，向海而生、怒涛搏命；要不就是崇文教化，耕读传家；即使习武的，也多是自卫防身，不管穷不穷，没有把当兵作为理想职业的，加上宗族观念又强，普通人哪有愿意当兵的。不过甲子虽然没有大量地出真实意义上的兵士，自治自防的武装力量却历来不缺乏。改革开放以前，走私猖獗时，海上还有铁壳船，船体用钢板加护，一般的枪弹奈何不了。铁壳船上长枪短炮少不了，听说还有配备机枪的。还有的铁船直接就按照小军舰的形式建造，速度又快，普通的边防巡逻艇只能望洋兴叹。再往前些年，社会治安尚未全面整顿的时候，临近的村子或宗族打个群架，经常也有全村、全姓的青壮年男子倾巢出动的盛况，几十、几百人的情况都是常见的，妇女还被集中起来炊食煮饭，经验丰富的老人负责指挥、后勤，全民皆兵，三股叉、钢管、红缨枪都是基本标配，有些规格较高的群架还会有猎枪、散弹枪等专业设备的身影。比起远古时期两个部落之间的大战，也毫不逊色。现在说起这些已经是故事了，那时候都是事故。

不过，甲子不是没有出过好兵。海陆丰建立苏维埃政权时，彭湃振臂一呼应者云集，不少三甲人、陆丰人也投身大革命，他们也都是那个时代的好青年、好兵。这种改天换地的战斗，需要有砸碎一个旧时代、创建一个新时代的勇气和智慧，哪怕是一个宣传员、一个通讯员，谁能不说他是一个好兵？抗日时期的东江纵队里也有不少甲子人，他们的足迹遍布惠阳、东莞、宝安一带，甚至抗战后期的粤北山区、韩江流域乃至香港、广州附近。陆丰地区还成立了东江纵队第六支队。东江纵队不少“书生扛枪”“小鬼善战”的故事里，也有甲子人的身影。这些为了民族独立在国家存亡之际浴血奋战的士兵，也是好兵。海陆丰三年解放战争里，这些好兵们牺牲不少。陆丰市内大大小小共有十几座烈士陵园、纪念碑，甲子复元寺附近也有一座烈士墓。这些好兵们英灵不远，精神不朽。

再往前追溯，宋元之战尾声时，元军攻陷临安后，宋端帝赵昰带着小朝廷从海上辗转到达甲子门，驻待渡山，范良臣给军食三日，渔民首领郑复翁组织甲子门义军五百人，椎牛誓众、勤王出海，先在港口突围中夜袭元军，夺战船二十余艘，后在崖山与元军交战两昼夜，遇飓风均溺亡。这些存大义、怀忠烈的甲子人，作为一个即将倾覆王朝的忠臣义士，更是令人敬佩。甲子举人张兆禧有句：“待渡山前仰大风，谁知渔父即英雄？”这些渔父拿上鱼叉，怀着壮士一去不复还的悲壮，从容慷慨登上渔船，护送幼帝出海逃亡时，就不再是耕海的渔夫，而成了为家国存亡而战的兵士，更是与易水畔与太子丹诀别的荆轲一样取义成仁的悲壮英雄了。

郑复翁与其两子和义军一同战死后，其妻林氏、儿媳和义军家属妇孺在待渡山上设坛拜祭，被闻讯而来的元军驱赶殴打，众人不堪凌辱相继蹈海殉节。这些妇女、亲属赴死的节气和壮举，也能解释为什么甲子这民风彪悍的海港边镇，能够养育出一代代忠义、骁勇的“士兵”乃至“士”。这种蹈海殉节的精神，与在战斗中牺牲兵士的忠烈，其悲壮可以相提并论。无论是在滔天巨浪中驾一叶扁舟怒海求生存的渔夫，还是从事抗日地下工作的东江纵队队员，甲子人胸口总是澎湃着这种慷慨、忠义、信仰的热血，这片海岬边镇也从不乏为家为国的志士。总说“天上雷公，地上海陆丰”，我认为这句话的诠释，应该增加包括甲子在内的海陆丰人中的士兵，不畏强权、信仰坚定、忠烈义勇等诸多精神，方不辜负郑复翁及五百义军的碧海忠魂。

夏日瓜果与纳凉

秋分一到，天气慢慢变凉了。周末清早出门一趟，小风一吹，已经有点秋意。今年的夏天看样子是已经过去了，我还没吃几个西瓜呢。

不过今年没有吃到什么好瓜。十来年前到离甲子不远的内湖镇下基层一年，吃过一次好西瓜。内湖农村有沙地，出好番薯，远近闻名。沙地适合种西瓜，但是当地种西瓜的不多，我们那里没有这个传统。而且种西瓜要勤浇水，工钱都划不来。农民也就是自己摆弄一垄半块瓜地，点上十来个瓜籽，种着自家吃，没人靠着这个赚钱。这种瓜个头不大，三斤五斤的也有，皮薄，水分多。

农村吃饭早，晚上吃过了饭天还没有黑。有一回我走得远，走到地头看见有种瓜的，就问怎么卖。因为平常经常见面，这个农民兄弟就说不要钱，自己种着吃的，哪能算钱卖给人？一边说一边挑一个熟的，用镰刀割断了瓜秧抱到田边，先把瓜蒂割下来，用瓜蒂擦擦镰刀刃，再把刀刃压在瓜上，都不用使劲，瓜就裂开了，就用镰刀尖随便分成几大块。一人一块捧起来就吃，确实叫有滋有味。

既然说了不要钱，那就走的时候丢包烟给这位老兄。他推辞不得，就又返身摘了一个瓜给我，皆大欢喜。抱着一个刚摘的西瓜，带着一身西瓜特殊的清冽气味回屋，遍体凉爽，空调都不用开。

以前在北京读书时，夏天里经常吃一种北京近郊出的石头瓜，个大，圆滚滚的，绿得发光，但条文都是暗黑色的。非典那一年夏天，学生都封闭在学校里不让出去。街面上也没多少车，郊区的农民赶着马车，拉着一车瓜悠然走过。有缘见到的赶紧喊停，从栏杆里递出钱去，从墙头接回瓜来，一拳捶开，瓜香四溢，汁液淋漓，又沙又脆，一个瓜够三五个汉子一顿饱餐的。那才叫西瓜！

现在到市场买个瓜回来，敲着倒是清脆，看着也还可以，可一刀杀下去，都是感觉行刀不够流畅，发涩，就知道不行。不是瓜瓤不够红，就是皮厚，要不就是不够沙。心理上已经准备好好吃个西瓜了，可是味觉、口感上都不由自主地抵触起来，很是影响心情。有时候看着水果店摆着已经打开的瓜，红彤彤、水灵灵的，买来一吃，味道也远远没有看起来那么好。可能是打了增红催熟的药。真是世风日下，瓜心不古。

以前甲子卖西瓜的，有的是整个卖，一般不切开的。都是大板车拉来，就在街边卖。如果顾客不放心，可以让老板在瓜上开个三角的小窗，用刀尖扎出来，看看瓜瓤红不红、皮厚不厚，不满意的就再换一个。这种卖瓜方式很有古风，诚信无欺。还有的是一牙一牙买的，有带着皮的，也有把瓜肉整块剔下来，用长竹签扎着，浇上一点酸梅汁的，清凉解暑，吃完只觉得两腋习习风生。冰镇草粿、石花凉丸和这种酸梅汁西瓜，可并称为“岁暑三友”。

甲子的夏天除了西瓜，其他的瓜果也不少。尤其是中秋节前后，几种水果是家家必备的。比如石榴、柚子和油甘子。石榴、柚子都不是本地的水果，但是都是应节的必需品，除了用来吃，最主要的作用还是拜月娘。八月十五晚上，家家户户摆开香烛拜月娘时，一定要有石榴、柚子等等生果，这是一直都有的传统。油甘子比较特殊，产地以潮汕地区为多，而且除了潮汕其他地方吃这个水果的不多见。吃起来先是酸，然后清冽甘甜，最后喉底略略有点回甘。油甘子和橄榄一样，可以用作区分是否甲子人、潮汕人的试金石。思之令人口生津液。

这些时令瓜果一出，一年中最热的节气就到了。甲子在海边，总体上冬夏温差不会特别大。但是一年中总有那么一段时间，热得蝉儿——我们叫“盐知巡”——都不叫了。我小的时候，街市上还没有空调，风扇也大多是吊扇，扇起来都是阵阵的热风。真正热起来，屋里确实是待不住的。那就只能到空地里去纳凉了。

家里有院子的，傍晚先在院里洒上水，等吃过饭摆上躺椅，打打蒲扇。如果买了西瓜，白天从院子里的摇井里打了大桶的井水，把西瓜泡上半天，等晚上切开，吃起来透心凉。没有院子的，男人可以在巷子里各家门口摆上凳子或者凉席坐着躺着。但是即使天气再热，还是得按照甲子男人的标准，几个人围着一个茶盘喝点热茶，抽抽烟聊聊天。孩童们赤膊仅着短裤拖鞋，借着某一家人门口汽灯的光，围在一起削竹子，制作今年的灯笼，一边随口争执着去年在水门见过的一个大灯笼，到底有没有桌面那么大。

女人们一般没有抛头露面出来纳凉的，但是上了年纪的妇女，就没有那么多讲究了，也可以和男人们一起在巷口纳凉聊天，或者老姐妹几个说说家长里短，手里的蒲扇摇个不停。有时说得开心就大笑一番，有时也为一件小事认真严肃地赌咒，抬出各路神佛观音，有时摊开手帕分享几枚橄榄，边嚼还边聊个不停。

我家住在城内的狮头巷时，一到夏天，家里晚上都在院子里吃饭。吃过饭收拾完，摆上茶具，全家人都在院子里聊天纳凉。祖父兴趣一来，就把我们几个小孩子叫过来，讲各种故事给我们听，多是童话或者神话故事；有时也会讲一点诗词，哪一句说的是什么。有时候点了蜡烛，祖父会用刚滴落的烛油捏成小动物，小鸭、小狗、小猫，然后开心地看我们几个小孩抢着要。如果点的是明亮的汽灯时，祖父会教我们玩手影，大狗、兔子和老鹰在院墙上忽大忽小。

院子墙头一溜密密麻麻的角花，在灯光下呈现出与白天不一样的深绿色来。院子里有一株玉兰花，如果开的花多，满院子都是玉兰的淡淡香气。家里的大白猫也躺在院门上稍稍有点凉气的石阶上纳凉，懒洋洋地甩着尾巴。笼子里的画眉，有时也跟着小孩子的喧闹，婉转地啼叫一声。月亮斜下去了，巷子里开始有母亲叫唤自家小孩回家洗澡的声音，又一个悠长的夏日夜晚结束了。

听长辈说，以前连风扇都没有的时候，男人们会到空地甚至野外纳凉。有的胆子大的，直接就在野地里睡觉了。各个村庄的“乡里前”，也就是平时村里人活动、办红白喜事的村口空地，一到夏天，村子里的男女老少，都在这里聚集。来得早的坐在村头大榕树下，晚的就近找个石头，有的人还带了凉席、条凳。打打扑克、天九，喝喝茶、聊聊天，这长长的夏夜才好打发。

祖父说过他以前夏天跟着村里的叔伯到野地里去，夹着凉席找个空旷平整的地方，几个人在那睡一晚。野外风凉，如果不盖点被子夜里还会冷。我父亲更厉害，他还是小伙子的时候，天气一热，晚上就约几个小伙伴爬到石狮村后的狮头石上过夜，说石头高，有风，凉快，而且没有蚊子。那块石头我知道，起码两三层楼高，不是熟门熟路的爬上去都费劲，顶上就那么几平方米的平地，真亏他们想得出来！

海韵

隔离的春节

今年这个新年过得真是不够瘾。好好的假期，被冠状病毒给搅和了。甲子镇里虽然暂时没有发现确诊的，更没有封城停市，可是路上也看不到多少人，都在家里自行隔离着。以往过年期间，文化公园门口的路熙熙攘攘的，每天光是挤掉的鞋就有一筐，相互看对上眼的年轻男女也有百八十对。这几天晚上八九点开摩托车经过，还能开个六十速。刚刚重新装修的公园漂漂亮亮的却没几个人在逛，像个刚嫁到外地没人理睬的小媳妇，盛装打扮却委委屈屈地坐在一旁。

而且原本回甲子过年，除了和家人相聚，主要活动就是各类大小聚会。许久未见的亲友，借新春佳节见见面，就着家乡菜喝点小酒，聊聊近况、吹吹牛，这才是春节的意义。现在可好，别说聚会了，连拜年都是视频或者语音的了。有人视频拜年还戴上口罩，避免5G网络传播病毒，非常讲究。年前一些以往卖野味的餐厅已经做好应对病毒的措施，专门打出“都是养殖非野生”的标语，大方承认该店多年来连桌椅板凳都是家养的。就是大年初一，大小饭馆酒店还营业。但是形势急转直下，年初二就通知一律停业了。这下各位返乡的哥弟们就是想舍命相聚也没有地方了。到家里聚也不方便，谁家一下子来了那么多五湖四海的人，估计村镇干部早就上门了。朋友群里有人在视频对饮，隔靴搔痒，也算聊胜于无了。

不聚会，不上门拜年，红包也没有实体的了。微信红包在手机里转来转去，一点手感都没有。红包这东西，讲究的就是一个硬邦邦攥在手里、坚挺挺掖在兜里。馅儿包多少不论，有个实体的东西，装红包、给红包、婉拒、硬塞、勉为其难、互表祝福和感谢等一套流程走下来，才算礼成，情感自然得到升华。其中用到苏秦背剑、犀牛望月、猴子偷桃等多招武术招式。有时将遇良才，能从客厅对招到院门外，充分体现了传统文化的精粹。而微信转账过于直白，流于形式，不符合国情和礼节，一转一点之间完成，少了很多客套，也少了很多亲情。就像无实物表演一样，大家都知道你要表达的内容，可就是缺了点什么。生活都好了，谁也不差这个红包钱，差的是那个年的味道。我女儿委屈巴巴地说，今年都没收到多少现金，要我给她买个手机好收微信红包。我只能鼓励她共克时艰，又把多难兴邦的道理和诸多事例讲给她听，才把她哄睡着了。

今年不仅仅是餐饮不给开了，就是各类展览、文体活动都停止了。听说文化中心今年有书法邀请展，名家名作众多，未能一饱眼福。镇里甲秀书画社组织了展览，我也斗胆涂了几个字去参加，可惜展览不了，有点可惜。镇里历来春节期间都会组织足球、篮球、乒乓球比赛，今年也不例外，赛程早早定了，但也都叫停了。看镇里足球场边上早早摆好的众多广告牌，今年赞助的力度应该不小，本来应该有一番精彩对决的。篮球赛也是，球衣都发了，几个队都准备好了，可是情况特殊，只能听从安排。更别说花市、猜灯谜等等活动了。有个擅长出谜猜的长辈文友，微信里拉了个谜语群，约上十来爱好者猜谜，猜中奖励小额红包一个，也算因时制宜、与时俱进了。

政府出了通告，市里、镇里大小寺庙近期也停止各类活动，不给拜神了。碣石镇的玄武山玄天大帝，不仅本乡本土，就是港澳、东南亚一带，都是极为推崇，认为非常灵验的。过年期间善男信女到玄武山朝拜求签的不可胜数，香火极盛。今年病毒猖獗，传染性又强，玄武山也只能把山门给封了。不过拜神求签也是为了平安，不去聚集就是求得福报，无可非议。到玄武山拜神求签，求得的签号各对应一首“签诗”，要由解签的师父、术士根据所祈之事进行解读、析签，写出批语。有一大批解签诗的师父专门在过年期间从事此业，收入可观。我小时经常随母亲到玄武山求签，跟着去看师父解签，很是佩服他们，凭一支签就能将来人期望之事说得头头是道，写出长长的批语。今年无签可求，估计这批师父不免扼腕长叹，持批签语的毛笔如拔剑四顾心茫然，我也很替他们惋惜。镇里几个寺庙比如龙尾王爷庙等也是如此，清清静静的。希望大小各庙的诸位神仙化悲愤为力量，保佑早日击退病毒，相信包括甲子善男信女在内的广大信徒，一定会继续朝拜、求签，保证香火越来越盛的。

可能因为有这么多神明保佑，加之甲子处于海岬边镇，历史上大灾大难并不常见。不过甲子也曾经历过几次大瘟疫，有的横扫整个所城，死者甚众。远的如康熙三年（1664 年），大旱引发饥荒，灾后疫病流行，甲子所内田园荒芜，多个村落尽成瓦砾。近的就在百来年前，光绪二十年（1894 年）春夏，鼠疫流行，致病而死的人数极多，仅新寨一村就有 360 人染病死亡，占村内人口十之六七。那时没有什么预防、治疗手段，疫病一来，往往只能坐以待毙，尤其是抵抗力较低的老人儿童。现在甲子镇内还有多个公墓，如“百姓公”等，均是大墓中埋葬累累尸骨，多的达数百具，这些即是疫病、灾难时集中掩埋的，多数连棺木都没有，可见当时悲惨之状。我的曾祖父就出生在光绪二十年，出生前他三个年幼的哥哥均已在鼠疫中殁死，高祖母惧怕即将出世的孩子染上疫病，临盆前专门到渔船上居住，在船上生下了曾祖父，这才保住了性命。

现在得益信息畅通，而且科学预防到位，这次来势汹汹的病毒，起码可控、可知。就是外出活动少了，只能借机过个平平淡淡的年。春晚的小品、相声，来来回回看了几遍。好不容易到晚上了，躺在床上看看手机里好多友人发来的拜年信息，慢慢一条一条地回复，每个人打上几个字。反正闲着也是闲着，认真发几条信息就当上门拜年了。古人说见字如晤，是因为山长水远而车马慢，写个信还要鸿雁传书。遇上北海到南海的长途信，大雁还不乐意，直接“谢不能”。所以写几句话都很认真，说一句，是一句，希望写的字把自己带到亲友面前。现在什么都快，飞机高铁把距离折叠起来，从城市到乡村也都是高速、柏油路，有视频、有语音，见面太容易了，反而将节庆的祝福廉价化了，群发一大堆信息也就是按几下。难得病毒将大家分隔开了，发个信息告知对方自己平安，也祝福对方健康，也变得有意义起来。

录了个女儿和侄子的拜年短视频，放在朋友圈内，看着不断增加的点赞数，觉得大家知道我们一家子过得平安，也挺欣慰的。大学同学有在武汉的，每天群里大家问候一声，他回复一句家里平安，也相互觉得很温暖。相隔很远，但我知道你在关心着我，你知道我平安。做不到相濡以沫，但远远胜于相忘于江湖。有个老师，每年春节发来短信：“愿你春种秋获，不负四季轮回。”总觉得没有比这更美好的祝愿了。今年甲子的春节，没有英歌舞，也没有舞大狮，连鞭炮、烟花都少了很多，还下了两天雨，真是冷冷清清的一个春节。但大年初一的一早依旧收到老师信息，更觉得即使病毒肆虐，四季变换中总有风霜雨雪，而祝愿总会如期而至。衷心祝愿这个春节没有见到、没有聚成的亲友平安健康，期望待冰消雪融再出发时，依旧不负光阴，到时我们终将相聚，举杯共饮。

疫期忆食

最近一打开微信，朋友圈里都是在晒吃的，各个群都是一堆家里菜肴，要不就是自制糕点的照片，代购们也不停甩出一叠叠食材图片，相当诱人。疫期以来大伙都已居家隔离一个多月，就是生个娃也出月子了，但诸君对吃的热情不减反增，充分说明老百姓们对口舌之欲的喜爱远胜于传宗接代。目前来看，对吃的折腾已经进入新的一个阶段，各家各户已经将购买以来使用次数寥寥无几的各色厨房小电器，从厨房的犄角旮旯翻找出来，特别是面包机、烤箱、饼铛等，用有限的食材不断翻新花样，力求在寂寞而重复的居家生活中吃好活好，真值得敬佩。

疫情开始时刚好就在春节，今年甲子几样传统的年间小吃，也不可避免地受到极大的影响。首当其冲的当属咸饼糖葱。这是用平底煎铛下膀油煎出的掌心大小薄面饼，卷着一小段多孔的拔丝糖段，很有特色的一种甲子小吃。历来都是过年这几天街市里才有得卖的，很多人买来作为孝敬老人的年礼。听说今年开档煎饼的都不多，毕竟街市上人都没有几个，煎了卖给谁去？过年期间我也没有吃到这种饼，很是怀念。有朋友家里开饼铺的，发了制作咸饼糖葱的视频在群里，说是今年坚持开档，自娱自乐地表演如何煎饼。估计主要还是情怀，顶多也就是快递外卖一些，没什么上门的生意了。

还有卖蜜料水果的，今年生意也大不如前。以往一到年前，街市中多有推着板车出来卖各色蜜料的，比如盐姜橄榄、糖渍杨桃丝，还有多种或盐或糖腌制的水果等等。这些本是年间各家各户待客、配茶的物件，家家都会买点放茶几上的。今年的廿九晚，我爸突然记起来说还没有买点蜜料呢，我们都说怪不得感觉准备的年货少了点什么。可看看街上空荡荡的，觉得不太可能有人出来推车叫卖。就是能找到，买回来春节也不会有客人上门，买来吃不完也没有什么意思，也就作罢了。这东西本来就是拜年时用来与泡茶、闲聊相配套的，避免几句客套话后主客双方陷入沉默尴尬，可以热情招呼尝一个。同时拜年亲戚朋友如带了小孩来的，也可以用其在小孩坐不住时用于抚慰，延长对年级、成绩、岁数等的问答时长，从而为给红包做好良好铺垫，以符合礼数。因此今年这春节，确实也没有买蜜料的必要了。

最近看各家各户用电饼铛做了不少美食。有的烤饼，有的做煎饺、煎包子，刷点油还能做油炸食品，还有的用来烤东西，肉也行海鲜也行，烤熟了丢几片洋葱大蒜再加个滤镜就不亚于韩式烧烤！这东西确实方便，只要是吃的放上去烤一烤总能变得好吃一点。人类对烧烤的喜爱从原始人那就开始了，这是基因决定的，没有办法。不过以前甲子人吃烧烤油炸的不多，这种热气的东西不符合甲子人饮食习惯，即使有也没有这么多花样。不过上小学时有几样烤、炸的小吃，非常流行。

比如炸芋头粿，切碎的芋头小块裹着薯粉糊，用铁皮做的带长柄的浅口漏勺盛了，放入浅底油锅里炸得焦黄的，那真是外酥里嫩。目前此粿制作办法已经被一朋友熟练掌握，还自制了专门漏勺，隔三差五放上成品图片来引诱我们。还有一种烤制的面饼，用面糊倒入带模具的饼铛烤制而成，成品为方形上有多个凹入点的面饼，新潮一点的做法还可以让老板加入巧克力、葡萄干等等，烤制后软中带脆，很是好吃。这小吃在甲子话里有个专有名称叫“巷炉窗粿”，直译就是炉灶口（烤出来）的面粿。是否一开始时这种小吃是借着炉灶的柴火烤的？值得深入研究。还有炒韭菜，用三角形的铁炒勺，在加了油的平底锅里来回翻炒韭菜，不断加入辣椒粉、烧烤酱、蚝油等，有的还会撒上一些芝麻粒。这种小吃的杀伤力不仅在味觉、嗅觉方面，就是远远听到韭菜被烤得滋滋作响的声音，都让人为之侧目。最近家里也试着复原了一下，不太敢下油，滋味和记忆中还是有些许差别。我小时所就读的甲子第二小学位于两东市场内，周边此类店铺、摊位众多，有的小贩还在下课放学时挑着担子带着锅灶到校门，专门待学生出来做一注生意，担子前每天都是人头涌动。很多卖炸芋头粿的小摊，都会在油锅旁放个大铁盘，把刚出锅的芋头粿尽数倾倒在上面晾凉，热气腾腾，香气四溢。这种销售手法尤为可恨，尤其临近中午时，学生们在教室里闻见这香味，哪里有心思上课！

火锅就更不用说了。疫期炊食总苦于食材不齐，要做几个菜不是少个姜就是没有蒜，有鳗鱼就没咸菜，买了几条乌鱼可找不出半颗咸梅，好不容易买了芋头想吃个芋头饭，却发现市场里没有韭菜花。如此种种，天人共愤，确实难以尽兴。而火锅就避免了此类情况出现，只要有个能用来涮的食材就能完成，实在不行就用清汤。何况甲子人的血液里，哪个没有牛骨清汤的成分？近期我看朋友里几位牛肉爱好者，天天花式吃牛肉火锅，我也时不时下个单叫个外卖，反正方便。这两天在广州的几家做乌鸡火锅的店也陆续开业了，但是受货源影响，现在都只有普通乌鸡、家鸡，以往常见的水鸭、鹧鸪等等，估计一时半会是没有的了，以后能不能再见也难说了。鹧鸪起片打火锅很鲜甜，剁块油炸用来蘸桔汁也别有风味。想到与诸美味可能缘尽于此，不由扼腕。

有朋友尝试做鸭肉汤，从城郊的农民那买了鸭自己杀，再收拾鸭血、内脏，买了金针菇、洋葱等等，忙了一天多才做成一锅！我们对其严格按照古法制作的精神进行了充分肯定，目前已经多人准备下单。但据他自己说，一算成本可以从甲子买同样的两份寄过来！自己做成本高、费功夫，就是吃得安心一些，也是图个乐。鱼粥也是广大甲子外出群众的心头好，有直接买半成品自己煮粥加进去的，也有买了马鲛、旗鱼等自己切块做成粥料制作的，或繁或简，都是为了一勺家乡味道。

社会各界对于面食的研究近期也到达一个小高潮。估计各家食材存货不多了，开始着重关注比较好存放的面粉。做馒头、包子已经属于日常操作，我老婆带着女儿也没少折腾，隔三差五就能吃到各种形状不凡的面食，有时候一掰开还得猜一猜是什么馅的。比较高端的开始做糕点，目前看到的已经有人用上了奶油、焦糖和罐头水果摆盘。有朋友已经研发了冰皮糕点的制作方法，已经把今年中秋节的冰皮月饼提前准备好了。还有亲戚按照老办法，把甲子传统的“酵包”“油锥”等面食做得惟妙惟肖。人均水平接近大长今。按照这个风气，今后老百姓过生日可能都不用出去买蛋糕了。这些技艺都是闲出来的，比如西北妇女们做面食，可以用剪子做出无数花样，做成各类动物惟妙惟肖，那都是因为以前的妇女们大门不出二门不迈，只好在家琢磨这点面。估计隔离时间再久一点，现在的妇女也能变着花样在面食上雕龙绘凤。

甲子原本并不流行蛋糕，品类就那么两三种。有一种传统的奶油蛋糕是小长方块形状的，上面一层薄薄的奶油涂层。这种奶油蛋糕顶上还放一个小小的酸甜的小果子，是否小山楂？还有一种蛋糕我们唤作“蛋清糕”，浅黄色的蓬松蛋糕，用大铁盘烤制后一块块切成菱形，每块有巴掌大。这种蛋糕的表皮尤其好吃。这几种甲子传统蛋糕，一般就是早上卖豆浆油条的摊子捎带着卖一点，还有就是晚上才开业的甜汤店有卖的。甲子的甜汤铺，美食诸多，面食类的甜点还有麻花状的油索、麻球、绿豆糕等，还有绿豆汤、花生甜汤，以及甲燕鱼鳃、海参等的炖汤，都是甜口的。后生男女拍拖时相约吃个甜汤很适合，甜甜蜜蜜地消磨半晚时光，再挤在一辆小摩托上兜几圈吹吹风，感情自然得到升华。

对于面食、糕点，甲子人可能更偏向于面喧馅足的大肉包。南门头人民路有一家包点铺，所做的传统大肉包个个有一捧那么大，用料非常足，馅里除了肉片还有切成小块的芒光（沙葛的土名），吃起来又香又脆，有的包子顶上的褶里还夹着一片熟鸡蛋。这种包前段时间也有友人想自己做，但从图片看卖相还是不像。以前快餐还不普及的时候，这种包很是受欢迎。比如打麻将打过了饭点，或者家里请几个人来帮个忙修修补补的，做饭麻烦，就唤小孩买十个八个大包来便解决了。小时候我很乐意跑这个腿，除了能吃到大包，大人一般会把买包余下的零钱作为跑腿的辛苦费给小孩。这家店很多年前已经不开了，现在光明路等地还有卖这种芒光包的，但是滋味不尽相同。不知道现在甲子镇内卖南门头那种大肉包的地方哪里还有！

疫情虽然慢慢得到控制，但这居家隔离的日子看来还有一段时间。勤劳善良的甲子人，本来就以食为命，加之海陆丰盈、物产丰富，在吃上面总不会亏待自己。甲子传统的各类美食，也从来不缺拥趸粉丝，哪怕山长水远、居家隔离，都能想方设法寻觅到食材，费尽心思复原记忆中的味道。汪曾祺说，慢点走，品品茶、喝喝酒、听听曲、写写字，人生少忧虑，生活才好玩。借着这居家的日子，生活慢下来了，也少了很多亲友相聚的机会，一家人在一起做点什么吃，这生活也确实有好玩之处。柴米油盐、锅碗瓢盆，一啄一饮间，无非乡情念旧，说的是食，却也是情，深思令人动容。李宝库也说过，愁也一天乐也一天，不乐多冤啊。更何况在这特殊的年月里，能够少点忧虑、多点快乐，就已经值得感恩。为何不好好活着，吃点想吃的，尽量让平淡日子里生活质量高一些呢。

食不厌精

甲子人对饮食非常讲究。这个讲究不是简简单单地要求吃的东西有多珍贵、精致，而是对食材也好，制作的方式也好，有一套固定的严格规定，追求一种使得食用之物达到心目中理想味道的极致体验。以前听说过一个故事，一个甲子“乞食仔”，也就是乞丐，在外地乞讨——甲子人爱脸面，没有在本乡本土甚至周边乞讨的——看见一大户人家在院子里煮水泡茶，就过去讨一杯茶吃。主人大为惊讶，见过讨钱、讨饭的，没有见过讨茶喝的乞丐，就问他：“你也爱吃茶？”乞食仔回答：“爱是爱，好久没有吃了。”主人等水开洗了杯泡了茶，给了他一杯。待这乞食仔吃完，主人问他：“这茶怎么样？”乞食仔略一点头说：“茶叶还可以，水也过得去，就是火气硬了些。”主人大为恼火：“你这乞食仔懂什么，我这是用桃枝炭心烧的火！”乞食仔一笑：“桃枝没有放过年，木芯不够干，烧的炭火还是硬。”主人不由冷笑：“看来老兄你以往吃的茶，都是陈年老桃炭烧的罗？”乞食仔摆摆手：“以前有钱时，用晒干的青橄榄籽，只有蓝焰，没有火气。不是爱吃茶，也不会流落到这个地步！”

不知故事结尾如何，也不知道该乞丐有没有被打。但我想这位主人心中当时一定暗挑中指，这乞丐逼格确实太高啦。橄榄籽也就是橄榄核不难找，可是收集、洗净、晒干，再靠烧这橄榄籽的一点悠悠蓝焰煮水，这一壶茶要喝到嘴里得花多少原料和时间！什么经济实力、文化品位、人文修养，比到最后比的是什么？就是比谁有闲！潘驴邓小闲，最后就是落在一个“闲功夫”。其他软硬件都是铺垫，还是得“闲”来攒底。一寸光阴一寸金，有钱的最高境界是钱多事少，富得流油，闲得蛋疼。能花这种心思和时间，就为了喝一口没有火气的茶，这才是真讲究啊。甚至穷到出来乞讨了，讨杯茶还唧唧歪歪，冒着挨打的危险，一定要在理论和精神上胜利，不能不说是装逼界的翘楚，太讲究啦。佩服佩服。

我对茶没有研究，就是橄榄都没有吃过什么好的。这两样在甲子都是非常讲究的！茶就不用说了，满街都是茶叶店。据说现在开茶叶店都不用本钱的，有个店面就行。一般的茶叶厂家先来货，付个定金，卖出去了再收钱。茶叶的估价方式也相当玄妙，和玉石差不多！新茶来了，几个老茶客到店里坐定，头家挑一样冲几泡，众人围坐着细细品了，再按照资历身份依次发言：“这个还是有喉底。”“有点涩。”“涩归涩，有回甘。”“甘虽甘，还不够清香。”“有六百的价值。”“最多四百。”“四百不能说贵。”“四百无人敢说无道理。”头家心中忙记下，这茶按照入货的价格三百一斤，可以买到四百元一斤。然后熟人来买就是四百，生客可以加几十或一百。非常科幻！有喉底到底有什么标准，香气入喉十厘米？回甘又是怎么回的，如牛反刍一般？这套标准又是如何建立的，又如何代代相传，并且和市场货币体系挂钩？要喝多少茶，才能在甲子成为一个老男人？答案在风中吹啊吹。

青橄榄也是，产地、颜色、大小、形状、味道和口感，都有一套精密的标准，符合的就是好橄榄，几百上千一斤，反之只能用来煲汤，呼之为“菜橄榄”。能不能用微量物质来分析？能不能建立一套不依赖肉眼和唇舌的评价系统？不能。唯一的评价标准就是吃，吃过最好的、最坏的，就知道为什么好，为什么不好，再吃精的，吃贵的，吃不常见的，吃第一流的，然后就在甲子橄榄界吃出一个名号，众人提起此人时面露尊重钦佩之色：“某某人吃橄榄讲究。”按照《圣经》的说法，事就这样成了。我见过有人怀揣一个小铁盒，打开来四颗又小又青的橄榄！郑重其事地站起来一一分发。比派哈瓦那雪茄还有格调！接受者均神情严肃如接圣旨，放入口中慢慢嚼。身份资历不够没有分到的，均紧紧盯着这几人的嘴巴，等他们吃完说说滋味如何。

不是贵的、不常见的饮食才能讲究。寻常之物也有寻常之物的讲究。比如不够甘甜、肉质比较松软的大橄榄，用刀背拍裂，撒上细盐，别有风味。放冰箱里冻得半硬更好吃。说起水果，甲子人和大部分潮汕人一样，都是要加蘸料吃的！这才是真的讲究，连水果都不放过。甲子人吃菠萝切成块状蘸酱油，外地人看了目瞪口呆。据说蘸点酱油，能解“菠萝毒”，或者叫“菠萝痧”，也不知道是何种毒，什么痧。杨梅洗干净了装在竹篮里，用绳子吊着泡在井水里泡上几个小时，取出来后蘸酱油吃，非常清甘，有一种果香混合酱油的香味，酸、甜、香和鲜的混合。

荔枝也能蘸酱油，别有一番风味，还清热下火。一颗荔枝三把火，如果真的能日啖荔枝三百颗而不上火，我估计苏轼每天得来半瓶酱油。老头被贬岭南还多糖多盐，看来就没想着回去。甲子附近几个乡镇出荔枝，我年幼时曾随大人去荔枝林里摘荔枝。树都修剪得不高，随便找个合适的树杈躺下，伸手所及均是密密麻麻的荔枝。随手扯下剥了壳，在酱油碟里一蘸，吃起来真是唇齿留香！大自然的馈赠。

西瓜肉切成块，加上酸梅粉，也是非常讲究的吃法。潮州等地习惯将水果切块加上酸梅粉的，种类繁多，只要是水果就能加，也是别有风味。甲子街市上卖西瓜的，也有把西瓜竖着切成一条条长牙状，浇点酸梅汁。奇怪的是，西瓜加上酸梅汁，反而变得甘甜。夏天吃起来还解暑气。酥梅和三华李，甲子的小贩都是过了盐水后蘸上白糖卖的。做好的酥梅，也就是青梅，装在用报纸或者牛皮纸卷成一个漏斗状的纸袋里，每袋约有十颗左右。三华李是果肉鲜红酥脆的一种李子，味道极为酸甜，泡了盐水撒了白糖，可以五颗八颗地用竹签子串起来卖。甲子特色的冰糖葫芦！去皮削成片的土梨，鹌鹑蛋大小的“鸟梨”，青绿色的“油甘子”，黄澄澄的小桔子，还有一种叫“木瓜柿”的果肉结实的柿子，这几样或者先过热水煮一煮去掉涩味，或者再用盐水腌上一夜，都是甘甜、酸冽、爽脆，不但味道好，而且有口感，没有了酸涩的生果味，非常符合甲子人对食物的讲究。以前瀛江戏剧院门前，每逢有电影、晚会，卖这几样小食的摊子少不了。报纸或者毛边纸卷成的甜筒状小纸袋，五毛、一块就有一袋，童年的美好回忆。现在开车上深汕高速，经过鲘门、白云仔几个服务区，都还有卖这些潮汕式吃法的水果，我经常买点解解馋。

除了蘸东西、腌制，有的水果讲究的吃法，可能甲子才有。这也说明甲子有一大批闲人，每天无所事事，就是研究如何把生活尤其是吃，上升为一种艺术。火龙果切开，划斜刀浇上蜂蜜，口感一流。本来平淡无味的火龙果马上提升到甜品的档次。芒果切开也是划斜刀，滴上几滴蜂蜜或者酸梅汁，能去掉芒果的特殊涩味。土柠檬泡盐腌制，就成了土名叫“南某”（也就是“柠檬”的甲子话发音）的食材，可以用来煲老鸭。捣碎了就可以做蘸料，吃牛肉火锅时，蘸点“南某”，非常开胃解腻。大个的土梨整个用来煮水，清凉止咳，煮完的梨去皮和心，加一点“南某”来吃，也有独特的味道。甘蔗汁加几滴柠檬水，有奇异果味道。这个可以与豆腐干加花生同吃有火腿滋味相提并论。还有的把水果做成蜜饯，比如甘草梅或者甘草橄榄，还有把刀豆做成细条状，杨桃切片，最后都成为甜食，鬼斧神工！过年时家家户户都买一点放茶几上待客。

街市中的小吃，也都是非常讲究的。不是讲究环境、装盘、装饰，这些都是虚的，甲子人没空和你讨论这些，就是味道！食材！还有固定的传承，非常讲究某一种小吃是谁做的，标准和非遗评选差不多。比如虾粿，米粉蒸的，上面有一层小虾和小块状的鱼饼粒什么的，味道全靠最后浇上去的一勺红色的浇头，好不好吃，全看这个。以前南门头有一个小摊做得实在是好。小时候祖父曾带一大碗买回来给我吃。现在卖的人不多了。蚝烙要到十字街，味道的确比别家好上一些。公园门口的甜食摊，一个老伯卖甜面、油锥、绿豆汤卖了几十年，每天都是在那里弯着腰炒甜面，你不用品尝就知道还是以前的味道，要吃到记忆中的甜面还是得到这里来。炒好了就撒上一大把糖和熟芝麻，还有两支芫荽，数十年不变。

甲子餐厅里几个传统菜式，更是非常讲究。炒鸡丁、灌鳔、鱼丸、墨鱼丸等等，都有严格的标准，食客按照是不是符合传统味道对每家餐厅进行打分，这直接影响这家店是不是能在甲子立足。炒鸡丁要不干不湿，鸡肉爽脆，配菜层次分明，多加半勺薯粉水马上就筷子一放。鱼丸不能过夜，不能翻热，不然皮就会硬，不够松爽弹牙，完全不能再叫作鱼丸。标准完全是代代相传，不立文字，只能意会，言语不能尽百一。

反正甲子人就是有这么一种本事，能在普通的生活中追求一种极致的感受，并且在长期的共同体会中，形成众人都赞同的规范，再反过来指导自己将生活过得有滋有味，能将就的地方将就，要讲究的时候讲究。我曾经在街市中看到一年过七旬的老人，捏着几元钱在一个炸芋头粿的小摊前，发自肺腑地认真指导炸芋头粿的小姑娘，应该如何把芋头粒均匀装入小铁勺，如何将手掌放在油锅上方感受油是不是真的开了，什么时候才把芋头粒泡进油里炸，颜色变成什么样时就可以了，最后才骄傲地提着一小袋炸好的芋头粿骑着自行车离开。整个过程中，小姑娘完全是一副认真学习的表情，几个围观的闲人的脸上更是流露出对行家的尊敬，老者也完全没有任何对自己苛刻的不安。只有在食不厌精的甲子，才能出现这样的和谐景象，好像“文官执笔安天下，武将马上定乾坤”一般的光整秩序，思之令人神往。

公园球事

前两天，我接到老国电话，说是镇里公园的篮球场要翻新，经费还差一点，叫我找几个人捐款。我马上联系了几个多年球友，凑了点钱汇过去了。众所周知，我对捐款尤其是强制捐款这种事历来颇有微词。一方面目前社会的慈善意识和契约精神还有待提高，捐款往往陷入道德绑架与爱心支持之间的矛盾困境；另一方面穷。那为什么这次我这么爽快答应，老国到底有何不同凡响之处，公园篮球场又有什么特别？记者带着这个疑问，走访了自己内心最深处的回忆。

作为十里八乡唯一一个公园，甲子镇公园在周边地区非常出名，也为广大市民提供了一个范围广达数亩的赌三公、鱼虾蟹以及随地小便的巨大场所。同时，公园闻名于世，也在于其篮球场。虽然这只是一个普普通通的篮球场，但我可以把手放在党章上面说，公园球场之于三甲地区，一如联合中心球馆之于芝加哥，斯台普斯球馆之于洛杉矶，同属于体育神殿级别。

因历史悠久，公园篮球场建成时间已不可考。据传说甲子原有矿场等地球场，也曾经各领风骚。但自我记事开始，公园球场就是甲子男子篮球队指定训练场所，也是唯一承担三甲地区篮球重大赛事的球场。这最主要的原因，是因为公园球场的地理位置极好，位于甲子老影院 CBD 中心，毗邻真君街、中街商业步行街，春节、中秋等假期间的日人流量可达数万，就是说将近一个亿了。因此在这里打球、比赛，围观观众极多，比赛中几十上百人叫好、鼓掌和大喊表示惋惜的“poor ball”声音，非常激励士气，按照甲子话来说就是“热场”，非常能满足赛事冠名、组织者扩大影响的要求，和竞技体育参赛人员与生俱来的荣誉感或者说虚荣心。

在三甲地区，篮球与武术套路、乒乓球、英歌舞、群架等体育或表演项目一样，皆因其观赏性广受群众欢迎。但因为公园球场位置好，所以看的人最多，关注程度最高。要是有个外地强队来比赛，告示早早就贴在公园门口，比赛前球场外都要拉上绳子阻隔人群，要找个好位置看球的必须提前半天来占位。没有人关注，你打得再好也没有用，不可能出现妹子喂水的虐狗场景，也没人叫你加入甲子队。同时，公园球场周边配套设施齐全，设置了牛肉火锅、草粿凉丸、炒甜面、粿仔汤和鱼生粥等一众特色餐饮，球场周边三轮车、摩托都能直达且停车方便。而且甲子文化站、电视台、养老院、全镇唯一一座假山都在公园内，文化气息醇厚，文体不分家，也做到了相互推动提升。因此，公园球场作为当地最著名的球场是历史和现实的选择，不二之选。即使现在三甲地区增加了许多球场，一些机关和学校的球场有橡胶地板、弹簧筐、防晒棚，甚至还配备大量适龄女同志和女学生观众，但是公园球场的霸主地位不容撼动，也不可能撼动，每年新年的贺岁杯还是要在这里打，这种致敬意味的唯一荣誉，使得公园球场的尊贵性毋容置疑。

而对于打球的人而言，公园球场更凸显其神圣性。三甲地区篮球水平最高的人，都集中在这里。没有在公园球场打过正式比赛，不能算作真正的高手。三甲地区的体育水平，相对于地方财政收入和政府重视程度，应该说是极高的。其中诸多篮球、足球爱好者的水平很为不俗，完全是自学成才，硬生生实践出来的。据记载，在上世纪八十年代，甲子篮球队曾经代表当时的陆丰县，在全省县区比赛上斩获第五。这对一个小渔村来说，很不简单了。公园球场，也见证了一批批三甲地区篮球爱好者的体育人生，完全配得上钢琴背景音。

以前我读初中、高中的时候，也就是上世纪 90 年代，甲子篮球进入一个参与者众、发展快速、关注程度高的阶段。当时，三甲地区人民通过长期实践，积极探索应用大型船舰从境外入口多种国内市场奇缺物资的办法，并一举攻克了可供国际国内流通的货币仿制技术难题。群众们在物资文明高度发展的同时，深刻体会到整个社会的荷尔蒙库存巨大，亟须进行供给侧改革，对文体事业的精神文明发展也相应提出了极大需求。于是当时篮、足、排和兵乓球等等各种体育项目的冠名比赛络绎不绝，爱好者们也都纷纷组建各种球队，没事就捉对厮杀一番。加上那个年代 NBA 刚在中国转播，广大青少年和部分中老年人都不由自主地将篮球梦与中国梦紧密联系起来。历史和机遇的相遇，自然而然将甲子篮球推向发展高峰，也将公园球场推到了改革舞台的聚光灯下。

那个时候，每天傍晚 5、6 点钟，各路高手都会到公园球场切磋，一直打到 7、8 点。那时公园球场还有高瓦数照明灯，只是后来随着改革的深入，一些不明真相的群众对政策信心出现动摇，在生产劳动时无意中损毁了灯光设备。那时打球的看球的都非常多！打的是全场，五对五，经常是两支队在打，好几支队在等，所以一般只能打五个球，3分照算，不带罚球，输家下场换一队上去。遇到运气不好，三两分钟就被灌五个，没办法，下来再等一个小时，这都是经常的事。看的人围着球场密密麻麻一圈，完全不以胜负定英雄，也没有固定支持的球队和队员，随性加油，完全是享受比赛，堪比大型派对，只是啤酒改成了凉水，泳池改成球场，泳装改成了球衣。

球员都是业务爱好者，各行各业都有，基层干部、乡镇企业家、老师、学生、退伍士兵、待业青年、手工艺人、小商贩、司机、三轮车工友、泥水匠、杂货店老板、武术爱好者等等，不一而论，但到公园球场完全一视同仁，就看篮球水平，谁行谁上。而且不是随便组几个人就能凑一队上场的，必须经过大家公认，达到一定水平的才能参加。我们读书时几个爱好篮球的伙伴，刚开始练球不久，水平都不高，又没有加入专门的球队，一开始都只能在旁边看，根本没有组队上场的资格。有时别的队个别位置出现空缺，比如有队员接到头家电话赶回去送货，有人要找队员盖章办事出证明等等，我们几个就赶紧加入，帮打一场。要是前一天打得好，多抢两个篮板或者投进个关键球，第二天有人组队时把你算上，那就是莫大的荣耀了，不亚于选秀中签。

当时公园球场高手云集，主要有甲子队的一些元老级的老球骨，还有当时正值当打之年的一批高水平队员。我印象最深的是一个刚退伍原来在部队开坦克的球员，投得一手好远投，又快又准，动作非常洒脱，而且还带后仰，相当不好防。据说在部队里也是作为人才培养，每天起床跑完操就投篮，不到吃饭时间不让回去的。还有一个老中锋，高高壮壮的，擅长内线卡位，再接球转身勾手，命中率极高。关键是转身后不管对方是什么体位，他都是举直了手在防守人头上勾这么一下，除非你身高两米臂展三米，否则也没有办法防，只能眼睁睁看着球出去，非常打击自信。此外主要就是甲子中学高中部，高我们一两届的一批师兄，都是十几二十的小老虎，有高的，有壮的，还有传球、带球都挺厉害的小个后卫。作为三甲地区侠义之风的接班人，这批人基本上是按照打命的标准来打球的，水平也能和甲子队抗衡一下——其中几个打得好的后来就进了甲子队。一个师兄，戴个眼镜，高高瘦瘦的，也是打中锋，进攻前基本不进三秒区，都是拿球从罚球线开始猛冲，最后一招举火烧天，双手架开把球送上去，对方需要在坚持防守和下巴脱臼之间作一个选择，很是考验心理素质。此外，还有一批热心人，出钱出力，买球衣、做后勤、组织比赛、提供专车。比如上世纪 70、80 年代，甲子有名的“弄潮”队，原来的几个队员现在都是有名的企业家了，维修球场、每年过年时购买球衣等等开销，都是他们在赞助。整个镇的篮球氛围，完全不亚于美国黑人社区。

还有一个人不得不说。或者说，如果编撰一本三甲地区篮球史，这个人完全可以单成一册。此人就是刚才说到的老国。“老国”只是昵称，其江湖上全称为“国民党”。原因据说是因为瘦瘦小小，又晒得黑，像极以前老电影中的国民党兵，就被称了这么一个外号。三甲地区人人知晓的，老少都可以叫他一声老国，他可不会生气。球场下他的脾气可好了，还乐观幽默的，就是个老小孩。此人是个球痴！听说年轻时以划艇仔捕鱼卖鱼为生，可是就是喜欢篮球，每天摇一天艇仔后，傍晚就跑到镇上来和人打篮球，技术好、灵活，听说中投、快攻是强项，是当时甲子队的得分点，也是当时 80 年代甲子队的主力。他打球还有一个特点，打球从不穿鞋！到球场边，拖鞋一脱，直接上场。渔民当久了，脚都是老茧，跑得可快。后来有一次去县里比赛，对方专门投诉组委会，要求让他穿鞋。自此以后，才见到老国穿球鞋打球。但平时玩球时，他经常兴之所至，说脱就脱，照打不误，让人不得不服。

我刚在公园球场打球的时候，那时老国还年轻，场场必上的。那时我和几个伙伴经常跟在他和其他几个甲子队的后面，做做替补。他看我好学，一天带了套甲子队的白色球衣给我。有了这套带着“甲子”两字的球衣，虽然不算正式队员，但我在球场的地位得到极大改善。后来原来的甲子队老队员木铃伯又给了我一套红色的甲子队服。我这两套队服当时都是轮着穿的，虚荣心得到极大满足，更是每天必到公园球场显摆一下。

老国现在年过六十，还坚持打球不辍。其随子女住在深圳，经常去当地社区的球场打球，没多久就确立了该场霸主地位，组织一班年轻人成日打球，四处比赛。一回到甲子，他也坐不住的，就是要找人打球。年纪大了，打不了太长时间，就是在场边看看也好。几年前一次过年打贺岁杯，比赛打完后，上了几分钟场的老国和我们一起帮忙收拾桌椅东西，收着收着，他突然对我们说：“年纪大了，以后看来打不了比赛罗。”我们赶紧安慰他：“哪里说的话！你身体壮到能打老虎，再打十年没有问题。”老国哈哈大笑：“以后我要是死了，就在公园球场这里做一个月牌仔（我们当地一种小小的墓碑），看后生仔打球！”此人对篮球是真感情。现在老国和几个热心人士，长期奔走，四处募款、组织比赛，公园球场重新建了，现在又要翻新，这帮老球骨和热心人功不可没。

现在公园球场平时打球的人不多了！每次回去我都到球场看看的，只有一些学生哥在玩球。那时甲子队的“黄金一代”都已经老了，没几个打得动了，年轻人又都出外，只有过年过节时球场才热闹起来。按照殡葬制度改革精神，老国在球场旁土葬的愿望看来难以实现。但是如果有人要在公园球场立个碑作纪念，我建议可以刻上“不忘初心”，此词极为妥帖，完全可以慰藉所有热爱公园球场的，包括打球、看球群众们的情怀。

小巷

这个海港小镇有很多小巷。地方人口多，建筑又缺规划，围一片地就盖一座房子，连绵起来，便只留下窄窄的路，形成长长的巷子。风从海面吹来，带着湿润与咸味，吹过沙滩上的红树林，吹过喧嚣的鱼市、宁静的农田，最后到达每一条小巷。而很多像我一样的甲子人，在巷子里出生、长大，走过农田、集市，走到一个陌生城市，再也没有回到小巷。我想念这些巷子。

那些靠近市集的小巷总是喧闹的。如城内十字街一带、两东旧区，历史久了，各年代建的房屋纵横不一，几乎都是网布的小巷。而且市集与民居混杂，往往商铺倚着居所，甚至人家楼下就是商铺，巷子如阡陌交错。住在这楼与楼之间伸手可及的房子里，人声、市声不断，颇有几分大隐隐于市的味道。

清早楼下卖早点的小铺生起火，绿豆糕、甜汤、油条的香味飘入楼上的窗口，要上早读课的小孩会在香味中揉着惺忪的睡眼起床。巷头市场的一角，有铁器擦击的欢快声音，那是卖肉的伙计开始磨他的长长短短的刀，而厚实的案板上已经卸着半爿收拾得干干净净的猪。驼背老伯的菜篮里新摘的芥蓝菜和苦瓜，一个墨绿，一个碧绿，像一小堆刚从水里捞起来的玉石，放置在古旧斑驳的巷子墙壁前。

中午时卖鱼的推着板车到市场散货，竹筐、大铁盘里是从溪边港口码头的渔船上刚刚卸下的活鱼。不消一刻，妇人与鱼贩讨价还价的声音、海鱼的咸腥味，以及红目鲢、黄松叶、白尘香、乌鲳等等五光十色鲜鱼的驳杂色彩，便一齐填满了这巷子里的集市和民居。家里来了客人，住在小巷里的妇人拿了盘子，到巷口烧腊店剁了半只烧鸡，边抱怨着鸡越来越小边多拿了两小袋姜油盐蘸料。巷子里又有人家盖房，几个满身白灰的工友出来市场吃午餐，每人一大海碗白饭，就着一锅热气腾腾的鸭肉汤，几杯白酒下肚，为一句不甚可笑的俗话粗鲁而亲热地大笑起来。

傍晚天初黑的时候，市集上又喧闹起来。妇女们聚集在这里买菜回家做晚饭，或顺便拉住一位熟人，站在案板或菜篮旁，用大嗓门家长里短地聊会家常。巷子旁边，集市中的某一个摊档，卖油炸豆干的老伯，今日生意好得很，不一会一筐豆干就快卖完了。记起有个老友就住在市场旁的小巷里，干脆收了摊，用余下的豆干当了老哥俩的下酒菜。集市旁边，巷子里的某一户人家，晚饭还没做得，下学早的小孩已经喊肚子饿了，正忙着洗菜的母亲只好塞几角钱到伸长的小手里，吩咐到隔壁鱼丸铺里买几颗鱼丸填填肚子。到夜深时，或是集市里某一个摊档的铺面里，或是小巷里某一户人家的厅堂里，洗麻将牌的声音停止时，不管赢家输家，都可以依着巷头的那盏灯火，到凌晨才收摊的鱼粥摊上吃上 碗粥，这才结束小巷一天的喧闹和密集，各自回家。

喧闹有喧闹的好处，毕竟这小巷就是市集，市集也在小巷里，所以这生活总是嘈嘈杂杂，但一习惯了便会离不开。当然，这小镇里的街巷也不都是喧哗热闹的，有些巷子就总是宁静的，宁静到你回忆起它来的时候总是想起童年夏天的傍晚。比方说，狮头巷，一条在甲子普普通通的小巷，我的老屋所在的小巷。

远离市集的狮头巷是清静的。巷子里唯一的商铺是巷子中间一间小小的杂货店，顾客也大都是巷子里的邻居。我的老家就在这小店对面，带一个院子的二层小楼，古旧而又温馨。巷子里的邻居们几辈人都住在这小巷子里，大家都认识，有什么事都会帮忙，整个巷子的小孩都聚在一起玩耍、上学，比一家人都要亲。也正是因为如此，我才会常常想起在老屋的时候，那些宁静的日子，我整个宁静的童年。

白天是这条小巷最安静的时候，大人都上班、干活去了，我们小孩聚在一起玩各种游戏，简单的有捉迷藏，复杂的有“丢坑仔”，那是用石片或者瓦片将香烟壳叠成的三角牌击进小坑中的游戏。不管什么游戏，人多了就好玩，或者说，对于一群一般大的小孩来说，没有什么游戏是不好玩的吧。只是吃过了午饭必须在家午睡，即使在家自己偷偷玩也得蹑手蹑脚的。家里有一张宽大的木床，是甲子传统的那种旧式床，三面有护栏围起，护栏上面还画着水墨画和毛笔写的几首诗词。我常回忆起夏天的午后，躺在家里这张木床上，默念那些我刚刚认识的字：波渺渺，柳依依……夕阳箫鼓小船归。巷子里一家木匠，正在用刨子刨木板，单调的沙沙声远远地传过来，我躺在床上默数着，一直到睡着。

晚上巷子里最热闹的时候是吃晚饭的时候。我们一般在大厅吃，夏天时就会提前在院子里洒上水，把桌子搬到院子里吃晚饭。邻居们也有在院子里吃饭的，也有人家的小孩，把菜堆在大碗的白饭上，举着筷子跑到巷子中和伙伴一起吃，大家相互换着菜吃，比在家里吃香多了。说到饭菜，我还记起一道特别的菜。巷子里有一家人在南门头卖鱼丸，用“那哥”鱼的肉打鱼丸，而鱼头和这种鱼身上特有的、小饭勺似的包裹着鱼肉的软骨就留了下来，知道我们家爱吃，总送我们一些。母亲用它们来煮汤，汤都是乳白的，非常甘甜。搬家后我就没有喝过这个汤了，谁家也没有那么多鱼头鱼骨煮汤用。吃过饭，巷子就又安静下来了，男人到巷子中的朋友家喝茶聊会天，妇女洗完碗就开始催促小孩洗澡，好快点洗衣服。巷子里几个已经上学的小孩围在一张桌上头碰头地学习，写几行字就开始叽叽喳喳小声聊天。还没有上学的小孩聚在巷头的蔡厝大院子，嬉笑打闹。等到睡觉的时间一到，家家户户关木门的声音此起彼伏，不一会小巷就进入了宁静的梦乡。

我对狮头巷的深刻记忆，还有稍大后去学校读书时，下课放学的时候，走进巷子时，每家人的厨房里传出的做饭声音和飘出的饭菜香气。我一家一家地走过去，闭着眼睛也能走回家，因为我只要闻着家里熟悉的饭菜香气就行了。还有，傍晚的时候，日头已经暗了下来，小巷里的做饭声音渐渐停了，某一家的妇人走到巷口，用围裙擦着手，拖长了声音叫唤自己的小孩吃饭，一个小孩一边应着一边依依不舍地离开围成一团玩贴纸画的伙伴们。这情景对小时的我们来说，都是最熟悉不过的了。

其实每一条小巷都是不一样的，因为我们对小巷，或者说，对家的回忆都不同。我回忆中的小巷或许是童年的一次游戏，你回忆中的小巷是家的饭菜香气，而他的回忆中，小巷是市集里某一处安静温馨的角落。这个海港小镇有很多巷子，在我们出生之前这些巷子就存在了，有的记载了过去的历史，比如名叫灰路的小巷，以前或许是烧贝壳制作石灰的地方，而染布街这条巷子，以前必定有染制布匹的店铺行当；有的记载了一个家，一个人的回忆，不管在集市中的，还是在安静的角落里的，因为我们在那里出生、长大，从那里离开。再回忆时，这些灰黑斑驳、泥沙剥落的墙壁，那些水泥或黄土小路，还是出现在我们梦见故乡、童年的那些梦境中。那些记忆中的傍晚时母亲叫唤小孩回家吃饭的拖长声音，都让我们在遥远的另一处灵魂出窍，脱离躯体飞达故乡。

老屋记事

从南门头往西走，到人民路菜市场附近往北拐，有一条窄窄的南北向小巷，名叫西头巷——也有叫狮头巷的，往北一路上去，上几级台阶，沿着黄土小道，走到一家摆满了各式各样零零碎碎货品的小杂货店，对面带一个小院子、二楼晒台种满了花草的门户，就是我的老屋了。我在这里出生，长大，从一个在门口瓷砖地上拿着海柳手镯扣蚂蚁玩耍的幼稚孩童，长成一个不须踮脚伸手就能摸得到门顶石拱的青涩少年。我在这座与甲子触目可见、稍带点年代的建筑相差无几的老屋里，度过了我整个无忧无虑的童年与少年，留下数之不尽的回忆。我现在做梦，梦到“家”这个概念时，梦里出现的还是老屋，这个藏在小巷深处，种满了花草，古旧而温馨的“家”。

想起老屋，就会想起老屋的花草。家里喜欢花木，所以老屋中阳光能到的地方，都种植了大大小小的花花草草。都不是什么名贵品种，随意种了，随意生长，倒也热闹。

院子中间，临大厅的柱子旁，是一株一人多高的玉兰花，一进门就能看到，植在一个大缸中，花下是一张水泥做的圆桌。玉兰花开时，满院清香，花开得多时，枝丫都被压下来，一团墨绿中点缀着点点乳白，非常漂亮。夏天傍晚时母亲在院子里洒上水，吃过晚饭后月亮上来，凉爽的风也开始吹拂，我们把在大桶井水里浸了一天的西瓜切开，围坐在圆桌旁。有时祖父会摇着纸扇，讲各种各样的故事给我们听，有时母亲会讲起我们小时候的趣事，我们几个小孩则叽叽喳喳地边聊边听，等吃完西瓜后纷纷跑出去，到小巷子中找伙伴玩。我们都刚刚洗过澡，耳根脖后扑着痱子粉，刻着复杂花纹的银脚镯在奔跑时叮当作响。

院子的一侧围墙上，从两边各种了杜鹃——我们叫角花，因为它的花是三角形的——它们顺着围墙顶蔓延、汇合，像墙顶一道低矮的绿色波浪，开花的时候，粉、红、绿相间，很是好看。小学时写作文，《我的家》，我写“我家的杜鹃花像两条绿色的巨龙，争夺一颗颗小小的红色珍珠”。老师在句子下画了红道，写道“比拟形象，想象力丰富”，我一直记忆至今，引以为傲。后来我一直喜欢文字，我觉得与这句评语不无关系。

二楼晒台上，有密密麻麻的几十盆花，有芍药、满天星、大红花、粗大的芦荟，还有很多叫不出名的杂草野花。其中我印象最深刻的就是墙角的那几盆昙花了。它们在夏季晚上开出大朵大朵白色的花，慢慢地张开花苞，清香扑鼻，不消一刻钟，就又合上洁白透明的花瓣。一年，家中的一盆昙花，同时数十朵花苞开放，全家欣喜不已，拍了许多照片留念。凋谢的昙花拿来熬水喝，有一种特殊的清冽甘甜。

一年夏天，我们发现晒台一个盛土的花盆里，长出了一支西瓜藤。不知道是如何长出来的，毛茸茸的看着可爱，便在浇水时顺便也给它一瓢。不料它竟越长越壮，结了两个小小的瓜。可能是蜜蜂蝴蝶传的粉，可我们连肥都没有施，这个小生命却顽强地活下来，开花结果了。其中一个瓜不久干枯了，另一个一直长到排球一样大。来了客人，我们总说去看看我们家种的西瓜，觉得这瓜是家里的荣耀。后来瓜熟了，我们摘下它，一家人围坐着看，大人小孩都觉得这是世界上独一无二的瓜，都不舍得吃了它。

花草多了养起来也不易。没有自来水，祖父便要求我们三个小孩，每天傍晚提一桶水到二楼浇花。我们姐弟三个按年龄身高大小分配了大中小三个塑料桶，从院子中“摇井”中轮流摇水满桶，提着上十几级木楼梯，依次浇花。现在回忆起，似乎别有滋味，那时都是马虎偷懒了事。我还曾陪祖父到田里拾田泥作养花肥料，祖孙轮流扛着半麻袋田泥，满身泥土一身大汗回家，祖母心疼不已。

对老屋的回忆，当然不仅仅只有花草。我也常常想起老屋中的那些小动物，比方说，猫。

在老屋居住时，家里一直养猫。一是因为老屋破旧，堆积的杂物也多，常有老鼠出没，猫能看家驱鼠；二是养惯了，没有这活泼又懒洋洋的生灵在脚下蹭来蹭去总觉得少了什么，所以长长短短的养过不少猫。多是邻居亲戚的猫生了小猫，我们去讨一只回来，就成了家里的一分子。吃饭时祖母会给它留一点鱼，免得它一会缠着人叫唤，晚上祖父锁门时会问问猫在不在家——其实就是在家，它也会在半夜跑出去的。

我最有印象的猫是一只白猫。因为浑身长长的白毛很特别，我们还给它起了个名字叫“白雪”。可能是小时候看多了白雪公主的故事。我还记得，是我从一个亲戚家把它讨回来的，是一只大波斯猫刚生的三只小猫中最漂亮的一只。我把它放在自行车的车篮中接回家，上面盖了我的帽子，半路上这个调皮的家伙钻出帽子，从车篮里跳出来，害我把车一扔，在热闹的较场市场里追了它半天才抓回来。

我整天和猫玩，让它爬竹扁担，钻水桶，与它分吃我的零食，还玩抓迷藏。我还给白雪“盖”了一座房子，就是用铁丝网和木板给它做了一个家，共有三层，一层是卫生间，二层是吃饭喝水的餐厅，三层是睡觉的卧室，各层互通，还带有天窗，可以从外面直接进入卧室。来我们家的客人无不对这个猫笼啧啧称奇。我个人认为，这个猫笼在全甲子乃至全世界建筑史上都是一朵小奇葩。

白雪在我们家待了十来年，生过好几胎小猫，都很漂亮。其中有一只小猫浑身雪白，就是额头上有一块黑色的毛，更惹人怜爱，把它给人时，弟弟难过了好几天。

十来岁在猫中算长寿的了。后来老猫白雪到巷子中玩，被自行车撞到，奄奄一息，挣扎着爬回了家。我们难过得很，可它已经吃不了东西，我们束手无策。母亲想出一个办法，把消炎药片磨成粉，搅在牛奶里，用针筒注到它嘴里喂它，接连好几天。它奇迹般地康复了。可毕竟老了，这次又大伤筋骨，后来白雪就常常整天一动不动，精神也不如以前。终于一天晚上，老猫悄悄地死在了我给它做的窝里。全家都很伤心，很久都没再养猫，而饭桌上剩点鱼时，祖母就会说起白雪。

还有雀鸟，家里养过画眉、鹦鹉等等，祖父很用心，买各种精饲料喂他们，时不时给它们洗洗澡、换换笼。祖父还会学鸟叫，常常引得笼中鸟儿跟着婉转鸣叫，这时祖父就非常得意。画眉一身浅黄的羽毛，眼眶上一道白道，像京剧脸谱的眉毛，这是它名字的由来吧。我并不喜欢画眉，因为它很不讲卫生，消化系统又好，鸟笼一天不洗就很脏。后来一次清洗鸟笼时，刚把笼门打开它就钻出来，飞到天空里，转瞬就不见了，这是我第一次也是最后一次看见它飞翔的样子。虽然不讲卫生，画眉毕竟还有美妙的歌喉，鹦鹉就比较烦人，常常叽叽叫半天，调都没有。后来也是飞走，或者老死了，我记不起来了，鸟儿和回忆一样，都是转瞬就飞走的，抓也抓不住。

我关于老屋的回忆，就是这些零零碎碎的事物组成的。这些花草也好，小动物也好，带给我的回忆远远不止这些。或者说，回忆起它们的时候，我就会想起与其相关的其他事情。常常回忆起在傍晚阳光稍弱的时候，祖父戴着草帽，蹲在地上给花草松土换盆的形象。或是天气凉爽的夏夜，一家人围坐在院子里玉兰花下聊天乘凉、吃西瓜的情景。还有老猫懒洋洋地躺在猫笼里，阳光爬过它身体又慢慢离去，爬上斑驳古旧的院子围墙的长镜头。这使我对回忆里老屋中的它们，又多了一份感情。我常常想起它们，就像尚未走近远山时，先看见山腰的一抹白云。

清明时节

我们是三个人，两辆车。我独自骑一辆车，爸则骑着他的旧永久，后面载着弟。爸微微弓着腰，有点费力地蹬着车。很久没有看见爸骑车的样子了，每天我还没有上学，爸已经上班去了，到我放学回家，又常常接到他忙，不回家吃饭的电话。清晨的风吹拂着爸的头发，鬓角已经有点发白。我便叫弟坐到我车上来。爸可不许：“路还长着哩。”脚下却蹬得用力了些。

路确实远着。奶奶的坟在乡下，离镇上好几里地。在那里，奶奶拉扯大爸三兄妹。家里穷，生活自然不易。爸小时候就会出去干点零工补贴家用，挑过灰，拉过网，农忙时还帮人浇园割稻子。这些是妈说的。妈常说这些，尤其是我们碗里有剩饭时。

推着车，走过一条长长的田埂，下了一个小山包，再穿过一片小树林，奶奶就睡在那里。茂盛的野草漫山遍野，快要淹没了那一方小小的墓碑。一路过来，确实累了，我和弟拿出水壶，咕咚咕咚喝起水来，爸则从车上拿下锄头，清理起坟前的野草来。天气热，爸就脱了衬衣，依旧黝黑的背脊很快渗出汗水，爸还不紧不慢地锄着。

我便叫弟拿了水壶给爸，爸接过，笑笑，像一个农民一样把水一气喝完。

锄完了草，爸叫我们到坟包上撒下墓纸，他则坐在坟前不远的树荫下，微微喘着气，看他的两个儿子大人一样地忙碌。等我们撒完了墓纸，爸从地上拾起一张旧报纸，扬了扬，再上前擦了墓碑，方叫我们用红油漆描了碑上的字。等描完了碑文，爸这才拿出带来的供品，摆在碑前的供桌上。一只烧鸡，一盒饼，一包糖，一盘葡萄，还有一瓶酒。奶奶是能喝一点的。爸便用一个小杯子，慢慢地倒，直到杯子满当当的，才放在供桌上。

做完了这些，爸方点着了香，跪在了坟前，后面跪着他的两个儿子。爸说，今年家里都好，老家的旧厅翻新了一下，准备供奉祖先神位；叔叔生意还过得去，小孩也大了，大的已经上学了；姐姐今年上了大学，成绩不错；弟就要考高中了。爸说了许久，直到我们膝盖都跪得有点酸痛时，爸才立起身，把手里的香仔细插在碑上的一个土块上。

插好了香，爸这才转身问我们，肚子饿了不。清早出发，骑了半天车，自然饿了，我和弟便走回树荫下，拿出带来的饼干和水，吃了起来。爸说不吃，只坐在地上，光背脊靠在墓侧的摆手上，自自然然的，像地头干完活的农人，又像母亲怀里的婴孩一般。

爸说，他到海边帮人拉大网，赚几个钱补贴家用，运气好，还能拾几条网里蹦出来的小鱼回家吃。有一次拉网，捡了一条大乌鲳鱼，不舍得吃，就自己拿到镇上的集市卖了，换了钱拿回家，奶奶不信，叫上爸拿着钱一块到海边，问清楚了不是拿人家网里的，母子俩才高高兴兴地回家，买了一罐盐，还给爸买了一件新衣服。

爸说，他到林子里拾柴火，有时走得远、拾得多，挑回来时已经晚了，那时没有电灯，农村人吃完了饭就熄了灯，从村口大石上看去，整个村子黑乎乎的，只有家里还亮着灯，窗户是亮的，走进家里，奶奶把剩饭放在灶上锅里，再盖上盖，饭菜还是温的。

爸说，他没钱上学，假期就到海边耙贝壳，再挑到镇上卖给烧灰铺，攒一点学费。爸耙了贝壳就堆起来，中午奶奶送饭来，她就装了担子挑到镇上。爸怕奶奶挑重担走远路辛苦，一天就把担子挑到半路等奶奶，奶奶接过担子没有说什么，只是第二天一早就拿上锅碗饭菜随爸到了海边，爸耙贝壳时，奶奶就在海边林子里拾柴草，爸耙好一担她就挑走，中午母子两人就在海边做饭吃。

爸还说了很多。说到了奶奶去世的时候，他只有十几来岁。说到了奶奶的病，如果在现在应该有得医治。爸说这些时，盘着腿坐在地上，依旧黝黑的脊背靠在墓侧的摆手上，自自然然的。

天色微微暗了下来，归宿的鸟儿四散飞进各自的林中窝巢。不远处的村庄开始升起了炊烟，在满布紫红晚霞的青灰天空中画出细长的白色痕迹。爸便叫我们焚烧了纸钱，等灰烬烧尽，又叫我们在坟前拜了，才收拾了供品，沿着来时的路，慢慢地骑车回家去了。这次是我载爸，弟独自一人。

葬礼

甲子人忌讳说一切不吉利的话。比如吃鱼吃了一面，要翻过来吃另一面的时候，不能说翻，要说“顺”过来。渔民的身家性命都在船上，最怕的就是“翻”。人过世了，也不说死，就说“老”了。某某人的父母过世了，就说谁家“老父母”了。对于一个宗族观念根深蒂固且又传统的海岬边镇，“老父母”后的有关礼仪、排场、出殡，以及墓穴风水、棺木、吉时的挑选等等，也就是一整套葬礼，是极隆重、严肃的一件事。毕竟这既是死者的哀荣，更是一家一族的脸面。《礼记》云：（礼）重于丧祭。子曰：死，葬之以礼，祭之以礼。甲子现有丧礼的制度，对比汉朝丧葬礼制，其实是大同小异的，可以说是古代丧葬礼仪制度的延续，这也反映了甲子的丧葬之礼，符合传统礼制，是很有历史传承的。

既然这么讲究，那么家中亲人去世后从敛服到入葬，各项程序、仪式非常繁杂。当然，这里说的都是按照佛教举办的仪式。如果是信耶稣、天主，也就是甲子人叫作“吃教”的，那就简便很多，不过吃教的在甲子毕竟是少数。不仅是大户人家，就是平头百姓、穷苦人家，信佛教的都要严格按照这套流程。所不同的是规模大小，和各项用品、仪式讲究不讲究了。所以穷苦人家父母老了，即使草草办一场过得去的葬礼，可能还得举债。不过甲子有一风俗，葬礼时亲友会送交一些钱作为帛金，当地唤作“楮仪”。楮者，纸也；仪者，礼品也。“楮仪”可以解释为以钱作礼拜祭，或者是送给丧家买纸钱拜祭逝者的帛金。这与汉朝丧制中“赙赗”（送给死者的布帛、车马等财物）相同。穷苦人家，即便自家无力举办一场葬礼，但宗族出面协助，再加上亲友送一些帛金，一般也都应付得下来。可以说，这风俗起码让穷人去世后能有尊严地告别人世。但平时遇上亲友中几家人父母老了，都要送帛金拜祭，对普通人家而言也是一件压力颇大的事情。在甲子，类似红白事丧等“人情世事”的经济支出，占了生活日常花费的一大部分，也可见亲友、宗族关系在本地的重要性。

广义上的甲子葬礼，从死者离开人世的一瞬间就开始了。要敛服，为死者仪式性地沐浴净身，再更换上寿衣，停灵的地方下置草席。这是汉制中称为“小敛”的仪式，包括仪式的过程和草席等用品，都是符合传统规定的。这时还不直接入棺，要先停灵，待选定吉时后，再有一套繁杂礼仪。第二日起，孝子要到重要、亲近的亲友家中报丧，这在甲子称为“报门”，也就是汉制中的“报丧”。除了亲友，还要及时向宗族中的老大，也即是族中辈分高或者德高望重的长辈告知，请宗族亲友代为料理、协助丧事。葬礼涉及方方面面的礼仪、仪式、规矩和讲究等等，非整个宗族合力不能完成。宗族内会根据具体情况，指定丧事负责人，称为总理，即由其合总处理丧事一切大小事宜。总理再确定阴阳先生择日选时，召集相关人等研究具体安排，分派任务。要出告示，张贴在街市中，除了向外告知家中丧事及各项仪式的主要安排外，孝子更要在告示中泣书因不孝致考妣驾鹤归西，按照古旧的规则对父母的去世进行自责。

选好吉日良时，准备妥当后，才能请棺，也就是将棺木运到停灵地方并入殓。棺木是逝者离开人世后的栖息之所，因此请棺是出殡前一项重要仪式，亲友都要到场的，而且也有相应的仪式，须法师在场作法。这即汉制中的“大殓”。入殓后并不密封棺盖，而是将棺盖翻转放置在棺木上，再放置一盏小油灯，唤作“脚尾灯”。这是逝者在阳世间用以照亮阴间去路的微弱灯火，是魂灵的最后一丝牵系。孝子孝孙在出殡前需要日夜守灵，随时给这盏灯添油续芯，还要按照时辰焚烧纸钱。

待到吉日，最后才是隆重的出殡的仪式。即使是小门小户的人家，家中老人出殡，也得惊动几十、上百人。如果是名门望族、大姓宗族，或者富贵人家，出殡仪式常常是几百、上千人参与的大活动。至于近百岁或者上百岁的长寿老人葬礼，则往往带有喜丧的意味，更不彰显悲哀，毕竟老人长寿也是家族的荣耀。孝子孝孙等先有要参加的仪式，待棺木上盖，参加出殡仪式的内外亲戚按照五服亲疏换穿黑、白、黄等各色孝服，有的还要戴孝帽、披麻，以及腰系中纳五谷种子的小包，送行的亲友列队并佩戴白袖圈，祭拜如仪后，才是出殡的仪式。五服者，汉制中为“斩衰、齐衰、大功、小功、缌麻”，即分麻服所用麻线的粗细及服饰式样，这在甲子的葬礼中基本是依规体现的。然后是“出山”，即亲友按照仪式送棺木出殡。这也是符合汉制的，连“出山”的名称也是一致的。既是为逝者送行，无论葬礼在何处举办，出殡的队伍都要一路护送棺木到甲子城内的北门玄天上帝庙前，也即民众唤作“北门天地”处。这是告知守护地方的神灵，辖内的某某地某某人已经去世、今日出殡，请神灵庇佑。

地方既如此传统，人和逝者居住的这小小的城镇和田野，都是神明的管辖范围，因此这仪式便十分必要。

出殡的队列，须由逝者内亲数人，在前方燃放鞭炮以及泼撒盐米，告知天地及驱邪去恶。前方先是灯笼、彩旗。一对斗大的灯笼，一只写宗族姓氏，告知众人这是哪一族、哪一姓的丧事；另一只写逝者的岁数，如“八十有四”，即是逝者享寿虚岁八十四。还有各类彩旗、法幡等，后面再是花圈、旗匾。以往这些亲友赠送的花圈、旗匾等，都是逝者及家族的荣耀，富贵人家的出殡队列，往往白花如雪、旌旗似云，彰显哀荣。近些年政策提倡，往往就是将所有赠送花圈的单位名称、个人姓名，汇总写于一个写着“祭”字的大花圈上。花圈左幅飘带上所列赠送人员名单，还须在上方写上一个大红的“阳”字。以往这些打灯笼、彩旗，以及抬花圈的人员，除了族中亲友，多是贫困家庭的半大小孩，能赚点辛苦费。以往办葬礼，尤其是大门大户的，宗族、总理多指派族中的贫苦家庭干此类琐事。即使是外来的乞丐、流浪汉等，到葬礼现场讨个吃食或者小钱，主人家也很为乐意。毕竟婚丧之时，这些都属于行善积德的好事。现在包办葬礼的机构，也会提供专业的人员打灯笼彩旗，多是外地人负责了。

队列再往下就是八音锣鼓。所谓八音锣鼓，就是甲子八音“牌子”，有唢呐、大鼓、胡琴、笛等等器乐。这是甲子丧礼的特色，依照汉制的哀乐的礼仪，整个丧礼自始至终都有八音作为礼乐的。甲子人称为“惊天动地”，可以理解为用这些传统音乐向天地大声宣告丧葬之事。其实，出殡时的八音所奏音乐，均为传统流传下来的，悲而不伤，喧而不闹，很是符合甲子人办丧事的原则。乐师须在行进中合奏，且要根据路线长短、曲目等等进行调整，也实不是易事。

戴礼帽、穿大褂，全套古装的乐师，演奏着古时的悲乐，这样一个老去的甲子人的魂灵，才能享受自古流传下来的最后的礼遇。改革开放以来，西风东渐，在丧事中使用西洋乐队也逐步流行起来。除大鼓、圆号、长号等需要重体力的乐器外，举牌、指挥、军鼓、长笛等多由女子负责。服装融合中西，既有西式仪仗的制服、带穗礼帽，也往往加上中式披风、荷花领、彩带、穗球等中式装饰，加之圆号沉沉、长号高鸣，军鼓唧唧、大鼓轰响，虽不合古制，但更有“惊天动地”之感。就是所奏乐曲除了《潇洒走一回》《父亲》《世上只有妈妈好》等还算靠谱的外，偶有《好日子》《何日君再来》等细思匪夷所思的。八音与西洋乐孰优孰劣在此不作评价，确有必要另作一文予以阐述。

再往后就是像桌，供奉死者的遗像、牌主和香炉等。这是逝者魂灵所居之处的象征，所以后面有“云轿”，就是一顶纸扎的小轿子，免除魂灵步行之苦。还要扎上一对纸做的金童玉女，供魂灵驱唤。再往后就是棺木。传统上棺木要由专人来抬，所用的漆木大棍描红着绿，视丧事规格由八人、十六人或更多不等的专人统一抬棺，现在多用灵车。无论抬棺规格也好，灵车设置也好，都基本遵循传统。孝子孝孙披麻戴孝，赤足或仅着袜子，扶棺送行，这也是汉代风俗礼仪。我的祖父是一名教师，老人出殡时，除了孝子孝孙外，他教过的多名学生也执孝子礼，披麻戴孝扶棺送行，非常感人。队列的最后是送行的亲友，一路送行到北门天地。甲子人尤其是甲子男人，往往不将悲伤外露，在葬礼等需要悲伤的场合，便用喧嚣的锣鼓或者鞭炮等来掩饰。只有妇女才允许在出殡、拜祭的时候哭号。而且不是随随便便的悲伤，而是有一套严格标准。比如出殡送行的行列中，头顶白毛巾、手撑黑雨伞、身穿绿裙的妇女们，按照锣鼓节奏，在高昂的音乐鼓点的间隙大声啼哭，不是常年实践难以得其精髓。如果在拜祭、送行时因痛哭、悲伤过度而影响仪式，也是不合礼仪的。到达北门并安排妥当后，总理致礼喊“孝子答谢”，由孝子孝孙对送行亲友行跪拜礼，铭感众人送别的深恩，亲友依礼数答“请起”，礼成。

最后，至亲将棺木送到按照之地，按照吉时另行下葬。下葬时，由风水先生主持，按照时辰提前确定坟墓“分金”（坐向），棺木放入后由孝子孝孙各以衣襟下摆承一捧土，围绕墓穴绕行撒在棺木上。曾看一记录片，北方多地也有类似仪式，不同的是墓成后由亲人撒土封顶。无论何处，逝去亲人的葬礼，必须要在亲人见证下入土为安后，才算完整。

出殡后，丧家会设置灵堂，供亲友拜祭。这也符合汉制葬礼中的“吊祭”仪式。灵堂设置像桌，摆香炉，供奉逝者遗像。前来凭吊者点香拜祭后插入香炉，再向遗像行跪拜礼。跪拜礼一般是“四大拜”，即跪下叩拜四次。但如向逝者表示极大的尊敬，可以施以重礼，比如“十六大拜”，即行四次“四大拜”礼，每次施完一次“四大拜”后，起身向前鞠躬拜祭，再退回跪拜。十年前祖父葬礼时，家乡一名老中医就在吊祭时行了“十六大拜”礼，这是我第一次看到此种大礼，很受感动。这位老中医今年过年前也去世了。在吊祭时，像桌左右还要安排两名逝者族内亲戚作为“礼生”，在亲友吊祭跪拜时，单膝下跪回礼。孝子孝孙也要在礼堂内陪同回礼。

轰轰烈烈的出殡后，亲友礼毕散尽。但对于家人而言，还有繁杂的拜祭等仪式。比如“过桥”，请法师着袍冠做法事，模拟逝者魂灵从阳世到阴间的旅程。这法事是在晚上进行的，既有八音锣鼓、佛像、满桌的贡品，也有法师用古怪声调咏唱曲调，以及多位法师身着法袍、头戴法冠，手拿各式法器、令旗绕桌旋转，模拟魂灵一程程、一关关步向黄泉的旅程，以及在途中佛祖庇佑的舞蹈。这些仪式都极为纷杂，但细听、细看极有悲切之感。此外，法师要逐一咏唱出逝者各位亲戚的名字，既是告知神佛，内亲外戚们均知悉逝者去世之事并前来祭拜；也是告知逝者，亲戚们为其去世深感悲伤并按照礼仪参与葬礼了，无须再牵挂。此时，没有喧杂锣鼓，只是每念一位亲戚姓名时，法师用钢条击打手磬，发出清脆的“叮”的一声，或大鼓低沉地响一声，极为肃穆。仿佛在法师的吟诵下，人与逝者的魂灵、与神佛，通过渺渺的香烛正在沟通，亲戚一声声将逝者魂灵送到阴间的遥远之处。念完全部名单后，鼓乐齐奏，唢呐、大鼓的声音更显悲切。

这些与出殡的喧闹截然不同，毕竟出殡、葬礼的哀荣、排场都是给外人看的，只有亲人离世的悲哀才是葬礼的主题，而且会在葬礼后的长久岁月中，给活着的人以深切的影响。死者长已矣，生者如斯夫。待来年先人忌日，死者的后人子孙在祠堂或者家中摆上祭品、点燃清香、跪下祭拜时，才能深切地体会当时喧闹葬礼背后，隐藏的静谧而又长远的哀思。

在内湖

2007年底，单位选派我和另一位同事下基层驻村一年。驻村的地方是汕尾市陆丰市内湖镇一个叫西陂村的小村子，离我的老家甲子镇约30公里。我至今对负责此次选派的领导非常感恩。因为就在我接到通知的前几天，我祖父年老患病，在广州反复检查治疗没有太好效果，医生预测时日无多，已经回到老家准备静待生命最后时光。这个时候单位把我派回内湖，我能经常回老家陪伴照料祖父，仿佛冥冥中有天意，能让我在祖父身边略尽最后一份孝心。

从到内湖镇至2008年3月份祖父过世，我陪伴了祖父最后的90天。祖父去世后，我前后花了差不多一个月时间，将祖父留下来的笔记、文稿、书法作品、印章和书籍等一一整理存放。我的祖父李绪本先生解放前参加工作，一生从教，擅书法、谙熟文史，是老家很有名气的文人学者。老人整理发掘了大量地方风俗和历史，发表过多篇研究性文章，还撰写了《甲子风土人情览趣》一书；出过书法集，现在老家诸多寺庙、祠堂等还留存老人书法匾额、刻石等。祖父去世后正逢梅雨季节，断断续续下着雨。我伴着窗外的雨声，在祖父书房整理那些或新或旧的字纸书籍，一份份将带着祖父手泽的遗物分类存放。整理工作经常停下来，一方面我需要回驻村点工作，另一方面我经常长久阅读祖父留下来的大量手书，有的是成本的笔记，还有大量写着字的零碎纸片。祖父很是节俭的，有时一个巴掌大的纸片上就密密麻麻写了一两百字。诸多以往我并不知晓的事物，包括故乡、家族的历史，人文掌故，祖父年轻时的经历、心得和感悟等等，随着整理慢慢出现在我眼前。我对家乡、对我的家庭、对祖父的理解，对故土乡村、宗族及种种习俗的了解，慢慢有了不同的体会。

驻村的其余时间，随着工作的增多，我除了周末时不时回趟家里，基本在内湖镇度过。主要工作任务是到西陂村里搞调查、走访，还有扶贫任务、基层党建等。当地的干部和村民都是很淳朴的，对我们这些下去的同志也很好。刚到时天气有点冷，镇里的书记、镇长马上去买了棉被抱到我房里来。有一次和镇里几个同事下村走访，过了吃午饭时间，我们走访的那户农民悄悄地吩咐儿子把家里的大鹅杀了，非要我们留下来吃炖鹅。我们很是感动，凑了300块钱送给他家刚出生的小孩。中秋节前我们联系了一些月饼、大米、花生油什么的给村里的五保户慰问，第二天一早其中一户父子两人抬着一编织袋番薯来感谢我们，我们说什么都不肯收，把他们赶走了。中午时食堂煮的番薯，我们都夸好吃。这时厨房的师傅才告诉我们，是那对父子送来的，交代了不能告诉我们。

几个镇里、村里的同志怕我们整天在村子里无聊，休息的时候还经常带我们在周边走一走。印象比较深刻的是一天晚上几个人到海边的一个养虾场，每人坐上一条半米来宽的小船，由艄公撑船，各自在虾池里用探照灯照虾，用手臂长的小网兜从池子里捞虾，然后在桶里用淡水洗一洗，马上就扔进红泥小炉上架着的小铁锅里煮。很有古风，而且这样吃起来感觉味道更好。遇到没有工作任务的周末，几个人就约着爬爬山，去附近几个寺庙里转一转。镇子里、村里有个什么活动，比如当地寺庙佛像、祠堂开光，或者村民们嫁娶做寿，也会喊上我们。虽然内湖、甲子相距不远，但两地风俗也略有不同，看一看挺有意思。内湖的饮食习惯也和甲子有些不同。甲子人吃牛肉，多是切片打火锅。而内湖是吃炖牛肉，把牛排、牛肉和牛杂等一起炖煮。当地也吃鱼粥，但不都是像甲子那样把煮好的鱼粒、虾仁等加到粥里，有的是在煮沸的粥里加入整个不剥壳的虾、切成块的蟹，还有的会加入肉片等，最后还往往撒上一大把切成丝的生菜、芫荽。内湖出好腐竹、沙地番薯，远近闻名。有时回甲子我也会买上一点带回去。这些和甲子相同或不同的习俗等，都让我对老家临近地区的传统风土人情，有了一个较长时间的集中体会，对故乡故土的感知也进一步立体起来。

我就住在镇政府大楼的办公室里，房间不大，中间拉个帘划出一张床的位置就当卧室，前面摆了张桌子，桌上放个电脑和小书架用来办公。卫生间和水房都在走廊的另一边，洗了衣服也没有地方晾，毕竟都是办公室，在走廊挂着衣服也不像样。于是我就在办公室墙上钉了两个钉子，每天傍晚拉上一条钢丝绳，就在办公桌上方晾衣服。电视机在一个活动室内，但晚上不少人在那聊天喝茶，有时值班的同志也在那待着，偶尔有球赛我才去凑凑热闹。镇政府所在地当时算比较僻远，天一黑附近都没什么亮灯的地方，哪里都去不了。镇子上也没多少人，而且按照农村的习惯，晚上仅有的几家店铺都不开门了。所以如果没有人约出去，我的休息时间基本只有两件事情可以做。一是晚饭前开车到镇上的小学和几位老师、学生打篮球。

当地爱打球的人不多，经常就几个人打，都凑不齐两队，我也不是很经常去。另外一个就是晚上冲完澡、洗完衣服后，躺在床上看带去的书。这半年多我看了不少书！现在要再找一段时间集中看那些书，也真是很难了。什么杂书都有，一堆买来许久没看的大部头也半懂不懂地啃完了，反正没有什么明确的用处，只是用来消磨光阴，所以看得毫无压力，看完就随手一扔，完完全全地不求甚解。只要把被子枕头摆成舒服的形状，把几本书丢在床上伸手可及的地方，再把泡好的一大壶浓茶放在床头，就能打发一个晚上的时间。我至今很是怀念那段读书时光。

办公大楼没有网络，一开始上不了网。后来镇政府的一位技术员想办法从附近拉了条网线给我用，我晚上偶尔就上上网。这个技术员的烟瘾很大，夏天开空调时他如果来我房间坐上那么半个小时，一打开房间门能看到烟雾呼呼地往屋外跑。当时甲子几个文学爱好者办了个网站，有很多写家乡事的文章，我经常上去看看。网站里好文章不少，还有一群爱好者经常交流。看多了不免手痒，想想自己对故乡故土也有一些感触体会，不如写出来让大家也看看。于是有一天我就花了半晚时间，把自己记忆中小学时上下学见到过的甲子风土人情景色等，写了篇《上学记》。注册了网名准备发布文章时，想着如果今后还写类似的文，在网站里寻找方便些，可以统一在题目里加个标签，于是就用了“甲子甲子”四个字。但从那以后，我便每隔一周左右写篇文，那一年陆陆续续发了 20 多篇冠着“甲子甲子”标签的文章，约有十几万字。现在回想起来，如果不是在内湖的那一年，有那么多时间和那么多的感触，加上每天就在乡音、乡情、乡人中体会着，可能我也不会开始写“甲子甲子”系列，而且一口气写了那么多！

在内湖这一年，确实对我人生极富意义。回头想想，仿佛一场大战中一个手无利兵的小卒，周边人仰马翻，这小卒却趁着一个没人管的空当，一路磕磕碰碰地跑出去，一路跑回了家乡。估计到退休之前，再难有这种在故乡悠闲地走走逛逛、读书写字的机会了！

中秋灯笼

又是一年中秋。可甲子的街市上，并没有我记忆中以往中秋的气氛。这个海港小镇，已经时尚到抛弃很多传统了。

小时候，中秋的来临，首先意味着一样东西：灯笼。这不是一个普普通通用来点蜡烛的竹纸器物，往往是要花费十天半个月才能制作完成的艺术品。制作灯笼的主要是孩子，大人并不过多参与。而其主要作用，也就是在中秋前后这几天晚上，被孩子提在手里，沿街串巷展示炫耀。你若提着一盏比别人的大且漂亮、工艺更为复杂精巧的灯笼，就有资格点上粗大的蜡烛，让灯笼比其他人更亮更吸引人，得意洋洋地到更多地方炫耀，让其他小孩眼红。这就使得灯笼的制作，有了一种竞争的意味，每个人都提前许久准备材料，用尽心机制作、装饰自己的灯笼，以求在中秋时大出风头。如果某人的灯笼做得别出心裁、特别好，能在第二年中秋时还被人说起，或者直接就是模仿做出一个，那对于一个小孩来说，没有比这更高的荣誉了。

制作灯笼须先搭制骨架。如果是制作一个普通的三角、六角灯笼，普通的竹子削成长条，用棉线或者铁丝扎紧就行了。但如果想做一个白兔灯或转灯，就要花费一些心思，因为这些工艺复杂的灯，往往有一些带弧度的骨架线条，或者是要有能活动的部件，必须要用柔软有韧性的青竹皮来制作。有一年，我和邻居伙伴决定做一个上下都能转动的塔灯，为了做弧形的塔顶和葫芦身的转轴，几乎削了整整一个星期竹皮，把一支两米来长、两指粗细的竹子用尽，才得到要用的十来支竹皮条。但这种辛苦在我们第一晚提灯出游时就得到补偿：所有人都张大着口，看这个能转动的光辉耀目的美丽彩塔，同时悄悄地把自己的灯笼藏在身后。

我们住的巷子中，有一家木匠，我们都喜欢和他家的小孩一起做灯笼，因为他的父亲会帮我们许多忙，比如锯锯竹子，做蜡烛的底座等等。有一次我们做的瓜灯因为骨架太软，形状不圆，我们一筹莫展，这个整天浑身臭汗的木匠，教我们把青竹劈成条，再找一个铁桶，把竹条按在桶沿上，用蜂窝煤炉子烤，一堆竹条一会就成了一个个大小一致的竹圈。教完后，他搓着一双老茧遍布的大手，非常得意，至今我还记得他那时的神态。现在想来，估计他小时候也是个做灯笼的好手。

搭好了骨架，就可以往上糊纸了。以前的灯笼纸，都是白色的，后来才渐渐有彩色的纸。主要是白丝纸，也有人用薄宣纸或丝光纸，皆以透光、纸质均匀为标准。按骨架轮廓贴上底纸后，就可以按自己喜好贴彩色花画装饰灯笼了。贴画也有人叫灯笼画，是剪纸形式的张贴画，内容不外乎八仙、梅兰竹菊、吉祥图案等，还有一些对称的装饰画。当然，还有装饰彩带，主要是金色的，贴在灯笼轮廓上，着实闪烁耀眼。

以前在水门那里看过一个灯笼，浅红色的纸，上面不是贴着灯笼画，而是画的嫦娥奔月，金色的颜料还是立体的。一个小孩骄傲地提着这个不大的灯笼，后面一群小孩喧喧闹闹地围着，沿途的路人不论是男人还是妇女，没有不停下脚步夸这个灯笼几句的。我对这个灯笼印象太深刻了，因为我和另外一个邻居小孩，跟着这个灯笼走了几条街，也没有弄清楚这是怎样画上去的。

灯笼最后制作的是蜡烛台和灯笼把。我小时候，大家都用蜡烛做照明，很少有人用干电池、小灯泡这些的，不是技术问题，而是觉得这是投机取巧的，在工艺上略输一筹。正所谓重剑无锋大象无形，往往最质朴的才是最美的。小孩不会明白这些道理，可内心敏感的体会作出的选择，与古时哲者并无不同。也许这就是本性罢了。

蜡烛台一般是木板，有些特殊的灯笼放不下木板，或用木板太过笨重，就得使用泡沫板等其他材料。比如刚刚说到的那个塔灯，我们左思右想，最后上下各用一根铁丝围成一个圈，刚好套住蜡烛，再把塔底挖空，让蜡烛油直接滴到外面。唯一的缺点就是在室内使用时，弄得满地蜡油，多次被大人臭骂。

还有把手，如果是一个最普通的三角灯，安什么把手都可以，随便一支手指粗的竹子就行，但一个造型独特的完美灯笼，就要多方面考虑了。比如白兔灯，可以用几支竹片叠在一起做把手，这样提起来晃晃悠悠，上下荡动着，一只白兔活灵活现。

无论什么烛台和把手，都必须注意蜡烛要安稳了，比如在蜡烛台上反钉一个钉子，把蜡烛插在上面，不然燃起来半个月心血可就没了。我们巷一个小孩，第一次做灯，好像是一个普通的八角灯吧，中秋夜兴高采烈提出来，蜡烛掉下来灯笼着火了，他试图扑救，但是灯笼马上就成了一堆灰，他在巷子中嚎啕大哭，谁劝都不行，正在拜月娘的街坊都以为出了什么事，纷纷跑来看。后来我们常拿这件事嘲笑他，认为即使有多喜爱，一个男人也不应该为一件东西哭成那样。其实我们那时也还是小孩子，如果自己的灯烧起来了，我们可能会哭得和他一样丢人。

不是所有的人都能做出漂亮的灯笼。所以有人做沙包。用随便一张纸，糊成个三角袋，中间包点沙子，就是沙包了。秉承用暗器的江湖规矩，使用者躲在阴暗角落，或隐蔽在人群中，甚至藏匿在临街的阳台上，等待别人漂亮的灯笼经过，对准那团带着骄傲和心血的光亮，丢出沙包，在别人的咒骂甚至哭泣中跑开。部分没有职业道德的，连沙包都不做，就地捡起石子就打，更为可恨。原因不外乎两个，一是妒忌，二是复仇。妒忌相对简单些，我没有你那么漂亮的灯笼，我就让你失去这个灯笼。复仇就复杂些了，有积怨，如曾经口角、斗殴，你大哥曾欺负过我表弟等；有地域，如你家是雷爷街的，在三小上学，在公园一带混，把一个漂亮灯笼提到东溪去，就免不了被砸沙包；有派别，比如说“东湖派”的人和“三十六岱盟”的曾有过节，双方的人必定不敢到对方地头游灯，说不定还被打一顿。地方民风如此，十来岁的小孩也彪悍刚勇，有些沈从文笔下的游侠风气。小孩混得久的，在街市行走，腰带内还要系上弹簧小刀。故中秋提灯笼游玩，也是颇为严肃的一件事。有时身边伙伴人数不多，纵使多想炫耀自己的灯笼，还是不要走远为妙。

现在过中秋，已经没有小孩做灯笼了吧。反正今年我是没有看见提着自己做的灯笼出来玩的小孩。满大街都是带小灯泡的花花绿绿的塑料灯笼，做成各种各样卡通人物或动物造型。也不贵，数元一个的也有。现在的小孩，已经不知道，八月半的灯笼，还可以自己做的，也体会不到，十五夜匆匆拜过月姑娘，然后提着自己做的灯笼，在伙伴的簇拥中，兴高采烈地走过一条又一条街，炫耀自己半个月心血结晶的那种心情了吧。

与电影有关的回忆

上世纪 70 年代末，有一位老人，在南海边画了一个圈，中国开始了改革开放。在这汹涌的浪潮中，勤劳勇敢的甲子人，屹立时代的潮头，在辽阔的太平洋上，利用各种各样的铁壳船、货船、舢板，源源不断地从境外运回大量的祖国短缺的物质，极大地丰富了社会物质文明，也让一部分人提前富了起来。经济发展了，群众们对精神文明的需求也随之提高。在被泡沫一样的繁荣覆盖的这个海边小镇，各种人民群众喜闻乐见的娱乐活动如雨后春笋一般出现，如麻将、三公、鱼虾蟹等竞技运动，篮球、排球、足球、台球等体育运动，玩信鸽、功夫茶、海洛因等奢侈活动，不一而论。其中，电影作为一种受众面广、艺术性高、时代感强的娱乐形式，深受甲子人民喜爱。

在甲子看电影，主要有两种方式。一种是露天电影，就是在广场、路上，支两竹竿，挂个银幕，开映就是了。主要的作用，说出来雷人得很，是给神仙看的，就是佛祖神仙圣诞，或者逢年过节，给神仙庆祝一下。究其源流，系以前这些节日时，总会搭个戏台，演几场大戏，主要是潮剧，现在七圣娘等神庙前，还有戏台。后来科技发展时代进步了，就采用了比较廉价方便的电影，就是不知道各路神仙习不习惯。

不过，在没有什么文化娱乐的时代，这些给神看的露天电影，还是给淳朴的甲子人，带来极大的欢乐，只是慢慢地电视普及了，电影到哪都能看了，这些露天电影才没了市场，常常见到稀稀拉拉几个老人，陪着神明看那些老掉牙的戏剧片。关于露天电影的记忆印象深刻的，是每次电影结束散场时，会有一个人手拿大喇叭，用高昂的甲子话说“本场电影是某某社头某某某赞助，今夜电影到此结束，明夜再会”。相当有力度。我现在坐公车，到终点时，车里广播说车已到终点站，请乘客们下车的时候，总觉得不过瘾，有种意犹未尽的感觉，应该把放电影的那个人叫来喊一嗓子才够味。

另外一种与城里一样，到电影院看。甲西有个友谊电影院，据说格调不高，我没有去过，没有经验，不说也罢。我要说的是，瀛江影剧院。那时，作为海陆丰地区为数不多的集电影院、剧场于一身的瀛江影剧院，国内外大片频频上映，各类晚会、竞赛轮番上台，一时风头无两。有外地亲戚来了请看个晚会电影，是那时候甲子人比较炫耀的摆谱方式。记忆中，走入高大的带拱形招牌的大门后，从右侧的售票室前走过，右转走一小段，再爬上十几级阶梯，从一排黄色的大木门中经过，才进入影院里面。前面是一个不小的舞台，上面挂着电影布——如果是开晚会、演话剧，就会拉上帘盖住它，舞台侧面还有巨大的墨绿、深红好几层幕布，一拉开就是一个新的节目——地板是带坡度的，前低后高，漆成褐色的木头椅子依势摆列。我一直纳闷的一点是，舞台一侧挂着的小黑板，永远写着“肥龙请出场”几个歪歪斜斜的粉笔字：此人何德何能，受此殊荣？

我第一次到影院看电影，就是在瀛江。记得是学校组织的，看的是一部英雄片之类的片子，小学时候的事情了，记不得了，就记得年幼的我，被巨大的银幕和变幻的光影深深震撼了，太牛逼了，要知道，那时候我国电视都还没普及。另外一部记忆深刻的电影，叫《红罂粟》，故事情节早就忘了，唯一记得的是一个镜头，被迫纹了身的女主角，含泪脱下衣裳在敌人面前展示身躯上的纹身。只是在后背停留了几秒，正面一晃就过去了。但是已经足够让刚上初中的我口干舌燥半天了。那时候，我们祖国没有《Play Boy》，网络技术也只掌握在极少数发达国家手里，这种镜头，能让整个影院的男初中生回家后，发上一晚上楞。我们是 5、6 个同学一起去的，有男有女，也不知道有这个，听说好看就去了，散场后出来，都眼神僵硬，双颊微红，相互都不说话，像是一起做了什么坏事一样。现在的甲子小孩，有的男男女女挤在一辆摩托上，有的手拖手到挂着粉红霓虹的咖啡室单独谈心，早就不会脸红了。不像我们，放学一起回家都写到日记里。

当然，除了电影，瀛江也有晚会、表演。那时候甲子搞个晚会，可以把还不是很红的董文华请来，至于那些国内三流歌手更不用提了，记得还有人在瀛江玩票性质地开过个唱，现在回想真是不可想象。卡拉 OK 比赛那几年多了去了，有一年我一个亲戚家小孩参加了，送我们家好多票，我一场不落地看了初赛到决赛，见证她夺冠的全过程，那时大家都觉得一颗新星冉冉地升起了。幸亏后来甲子经济衰落，这种比赛没了，不然不知道还有多少甲子人再做这种歌星梦。新年、五一、十一等等节庆，都是富得流油闲得蛋疼的甲子人开晚会的理由，连几个小学合计合计，就能凑一台六一晚会。不过想想，那时的小学有意思得很，活动可多了，甚至还有鼓号仪仗队，有课外艺术班，教电子琴、吉他的。我们比现在的甲子小孩幸福多了，虽然没有那么多电玩游戏，娱乐八卦。

说起瀛江影剧院，还得说起一个地方，那就是瀛江冰室。现在不知道还营业吗？我小时候，那可是甲子最热闹的地方之一。那时甲子还没有现在这么多喝冷饮的地方，而瀛江冰室地点又好，在南门头 CBD 中心，又毗邻影剧院、车站，所以生意好得不得了。最幸福的事，莫过于看场电影，再到冰室喝个冷饮了。估计不少和我同龄的甲子人，有过这样的家庭梦想。瀛江冰室有松软香甜的五羊雪糕，又腻又浓的阿华田，咬一口嘎嘣脆的陈皮雪条，还有各种小吃。那时刚改革开放，尚且年幼的我们，哪里见过这么资本主义的东西？

其实，就是到影剧院里看电影晚会，也可以享受很多小吃。每有电影晚会，剧院门口就有一大堆小摊子出现，卖各式各样的零食：有装在报纸折的三角袋里的炒瓜子，有浸过盐水撒了白糖串在竹签上的“鸟梨”，有小火炉烤得外焦里嫩的“葫芦蒸粿”，还有削得光光的甘蔗，一块钱就有胳膊长的两支。我们的影剧院不是沉默的，不只有演员的声音，大人小孩都在高高低低地说话，有人抽烟的烟雾经过投射电影的光柱，画出斑驳离奇的水彩画，偶尔的电影胶片和观众都沉默时，就能听见剧场里此起彼伏的嗑瓜子、嚼甘蔗的声音。没有人觉得不妥，这是我们的影剧院，我们用自己的方式享受它，用自己的习惯热爱它。我们觉得它除了拥有一张大银幕外，与冷饮的唯一区别，就是电影院里没有桌子，不能面对面坐着。

现在的瀛江影剧院，随着地方经济的衰落，电影早就不放了，已经堕落成一个色情歌舞团表演的场所了，街上常见挂着高音喇叭、贴着准色情海报的宣传车，一路喧嚣而过。这在二十年前民风还算淳朴的甲子，应该是不可想象的吧，可是现在，大家都习以为常了。可惜了那些褐色的木椅，宽大的舞台，还有银色的电影幕布。

其实也不怪电影院。多久没有看过一场完整的电影了？我们去电影院的次数越来越少，也都没有心思老老实实地坐着，为银幕中的故事感动了。买了碟回家看，常常就是电影播着，就干别的事情去了。有一次忙点别的什么事，忘了 DVD 机还开着电视还播着，就睡觉去了，第二天才发现。我们还年轻，对电影却只有回忆了吗？或者生活就是这样，把美好变作现实，把青春蹉跎成回忆，把那些光与影的五色梦想，堕落成肉与欲的赤裸空白？

悲欢离合总关情，一任碟机飞转到天明。别了，那些小时候与电影有关的回忆。

考试

我读小学，尤其是低年级时，成绩非常之好。可能是因为家中长辈多老师，对小孩学习比较注重，学习氛围也好，加上学的东西简单，很多我都已经会了，所以我不需要多上心就能考得很好，无论语文还是数学，考试分数经常是全级前几名。所以我小时候从没有惧怕考试的想法，享受得很。后来，随着年龄增长，天资平平的本质暴露，加之惰性逐步呈现，我才慢慢变成一个怕考试的人。不瞒诸位，工作多年了，我现在还常常做一个恶梦，梦见本人正在考高等数学——我大学最头疼的一门课程——快交卷了还有大面积空白，然后吓得醒过来。不论如何，关于考试，我还是有很多回忆的。

我小学是在甲子二小读的。这是一个面积不大、种满树木的小学校，因为教室不多，学生不少，所以只好三班倒，一个教室早上、上午、下午供三个班的学生用。我对二小的回忆，印象最深刻的有几件事：一是教室电灯不够，上早课时学生都带着蜡烛去，点燃插在课桌一角照明；二是学校靠近两东市场，每到课间、上下学时间，小贩就挑着各种各样的零食到校门口叫卖，规模非镇内其他小学可比；三是校园内高大多刺的木棉树，开的花比拳头还大；四就是考试了。学生人数多，期中、期末统一考试时教室就不够用了，怎么办？我校的办法是，在操场考。可是操场没有课桌，又如何考试？没关系，学生自带小凳，按班级排列好，整个操场就成了考场，方便又简单。

那时候我们每人都备有一张塑料小方凳，要考试了就带去，在老师的指挥下排好队，用自己的小方凳当桌子，讲究点的再带个矮凳子坐，随意的就席地而坐，这就开始考试了。老师在五颜六色的塑料凳子和一个个小脑袋间巡视监考，我们趴在凳子上认真解题。我在两道题之间短暂休息，抬头看去，所有的同学都低着头解题，男生都留着短发，女同学或者是扎成马尾的长发，或者是齐肩的半长发，除此之外不一致的顶多是头顶的一个红色发夹。周围除了沙沙的写字声，一片寂静。考完试，等老师收完卷子，整个操场即刻沸腾起来，有讨论考题的，有说考得好不好的，有喊着叫着玩去的，都或拖或扛着塑料凳，从窄窄的校门鱼贯而出，街上便出现一支装备奇特的童子军。

包括考试在内，整个小学生涯我都过得很愉悦。上下学时我还故意走些弯路小路，只为了多看些对我来说新奇有趣的事物。而对当时的我来说，考试带来的愉悦，不仅仅是像秋游一样拖着小方凳到操场排队，更包括成绩出来后老师的表扬和同学的羡慕。我还记得小学的语文老师陈如霞，一位非常认真负责的中年女老师，她教了我好几年，因为我能增加班级的平均分，所以非常严格要求我。只要我能按要求考出好成绩，她就会狠狠表扬我，在街上买东西遇见我母亲就笑逐颜开说我表现不错。伤脑筋的是反之亦然。所以我稍微考得不好，我母亲上街就得注意避着她。而小学生都是单纯的，同学们之间互相攀比的东西现在回想起来都很纯真，考试成绩与玩跳绳、丢坑仔等游戏的水平，甚至拥有某一张闪卡或者点石卡是并列的，我因在学习成绩这个领域取得的成就在伙伴中与跳绳高手享受同等待遇。当时风靡动画片《恐龙特级克塞号》，我便得到“克塞”这一片中大英雄主角名字的外号。这并不是最高荣誉，另外一个打电子游戏很厉害的同学的外号是“佐罗”。佐罗比克塞牛多了，你看看校内所有的木棉树上都被人用铅笔刀画着一个个“Z”字就明白。

之后的初、高中，考试对我来说就没有那么愉悦了，大多数是应付式的。老师教的，课堂讲的，我听个七七八八，能懂就行，学习也马马虎虎对付过去，反正成绩也还过得去。课余时间我主要用来与一群志同道合的损友混在一起，活动内容包括打篮球、烧烤（含烧番薯）、吹水等，乐此不疲。我们还组了个乐队，有键盘、吉他、口琴，水平不高，但兴趣都很高，还自创了一首歌，现在我还记得歌词。而在除此之外不多的课余时间内，我还要认真阅读大量与课本无关的闲书，所以成绩平平也是有情可原的。

实话实说，我是到高三才认真学习的，学习的动力当然源自高考的压力。尤其到临近高考时，我的确是全身心地投入到学习中。没办法，一件事情你不去学它，总觉得自己还懂一些，一旦学了以后，就知道自己好多还不懂。我那时候还没有明了高考对一个乡下小孩来说意味着什么，但对读大学，尤其是大学生活，相当之憧憬，而要进一个好一些的大学，不好好考怎么行？有了这么一个模模糊糊的理想，起码算有了个目的，所以学起来很是卖力。每天下课，总在教室看书做题，晚饭时间才回去，要不就到老师家中补课，晚上也常常在房间学到很晚。那时有几个同学常一起下课后学习，做题做累了我们有一个放松活动，就是沿着小路慢跑到甲子中学后山的田野深处，流会汗，再跑回来。有时边跑还边大喊几声，发泄发泄。

曾经把一个担着水桶浇菜回来的老伯吓得不轻，看清是几个学生哥后，说："看起来斯斯文文，叫起来哭父死母！"我们大笑。跑一圈回来就又是一条好汉，又可做海淀全真考题一套。

也幸亏有高三那一年的付出，最终我高考成绩还不算太差，得以进入一所在北方的警校。而高考时的情景，时隔多年我已记不太清楚，但有一个场景我永远不会忘记：每考完一场，几百名考生从各个教室中涌出，喧闹一片，走下龙山中学的高高台阶，而台阶下的铁栅栏外，是与学生人数差不多的家长，鸦雀无声地站立着，目光寻找着自己的孩子。这数百双眼睛里的种种愿望、期盼、忧虑、释然，又岂是沉浸在结束又一场考试的轻松中的，当时的我们，所能了解的？对于父母来说，这也是考试，不同的是，我们是接受课本知识的测试，而对他们的测试，庶几相同于一个农夫，在耕耘一季后，将所有收获过秤的过程。

高考后，很快，我就到北方的一所警校读大学去了。我在这里也经历了许许多多考试，除了开头说过的高数等课程考试外，更有很多生活中的考试。第一次坐一整天火车越过长江来到北方，第一次在哨声中醒来，第一次笔直地站两个小时军姿，第一次在八百米操场上十几个来回地踢正步，第一次叠豆腐块被子，第一次看见雪花飞舞，第一次实弹射击，第一次想家。很多的第一次，对我这个从海边乡下小镇走出的半大小孩，都是一次考试，我也在懵懂中经历，像多年前伏在塑料小板凳上的小学生一样，学着，看着，体会着，感受着，用自己的方式，把答案写下来。总是想答得好些，像以往测试一般，期许着赞许。不仅仅是我，我所有的同学都如此。年轻、强健，胸口总有蓝盈盈的火苗，读书读到"男儿何不带吴钩，收取关山五十州"时，总会血脉加快。我至今怀念那段无忧无虑又充实、有趣的真正的青春岁月。这场长达四年的考试，已然完结，我现在也已参加工作若干年，这生活中的、工作中的考试还在延续着。套用沈从文的一篇文章名来说，我们都是在读一本小书同时又读一本大书，再在不经意中体验一场场测试吧。

糖糕饼

甲子人嫁女儿，要给亲戚送“蜜食”。所谓“蜜食”，外面是红纸包好的四方包，里面是八样精致的甜食。一般来说，有形似沙琪玛而口感较为密实的“马仔酥”，柔软的“明糖”，夹着咸蛋黄的小饼，还有带有椰丝、吃起来又松又绵的“豆攀”等等。如果是娶媳妇，送的就是“鸟饼”，形状就是一只肥硕、抽象的鸟，代表的是“鸳鸯”，寓意百年好合。鸟饼大的可达一尺多，是用面、苏打粉做的，表皮烤制成金黄色，上面撒上芝麻和白糖粒，鸟头还要用“红草花末”，也就是传统的红颜料，点上一个红点代表眼睛。

“蜜食”其实就是甲子的传统嫁女礼饼。潮汕乃至闽南，包括福建部分地方，都有类似的风俗，不同的是所送礼饼的数量、大小、形制和种类。广府地区古旧也有送四色绫酥嫁女饼的风俗。甜食是从古至今均代表幸福的东西，糕饼也象征富实的好意头。所以送这类东西，很是符合喜庆的氛围。

不单嫁娶，一些节庆、仪式，甲子人也都有应节、专用的糕饼。最出名的就是清明前后的铜锣饼、硬壳饼和“米糖皮”。铜锣饼又叫“桶底饼”，形似铜锣，一掌大小，粘着白色的粉末。好的铜锣饼，是用价格不菲的赤菜熬制做成的，口感绵实。赤菜有清热解毒的作用，所以小孩出水痘的可以吃铜锣饼下火去痘。硬壳饼因为饼皮厚且硬而得名，其实大名应该为“龙文饼”，据说初为福建龙文县，也即现福建省漳州市龙文区所制，清代传入甲子所城。硬壳饼的馅是用乌糖、薯粉等揉合的，味道和日本的铜锣烧很类似。从福建传入的饼还不止这一种，清明节前后上市的还有一种饼叫“莆田酵”，据说是福建莆田传到甲子所的。这种饼是烘焙的，表皮既酥又香。米糖皮的内馅有颗粒状的白糖，咬起来沙沙响，我不是很喜欢。这几种饼都是拜祖扫墓时的常用祭品。大家族参与拜祭的人丁众多，分祭品时往往就是按照各家参加人员多少各分若干块饼作为代替，分的饼一般是硬壳饼，所以有“算丁分饼”的说法。

中秋时有月糕和扇糕。甲子的月糕、扇糕很是特别，和常见的那种带馅月饼完全不同，是用糕粉做的，纯白色的一整块，硬中带绵，可以掰着吃。月糕有盘子大小，不足一指厚，有的中间还印着一个“月”字，点上个红点。扇糕则有两指高，是带弧度的一个方块，形如扇面。有的扇糕会和上芝麻粉做成灰色的，或者顶多内里夹上一点白糖和芝麻，但月糕都是纯白色的。可能月糕代表了月亮，中秋的月亮自然是又圆又白的。不管吃不吃，中秋节甲子家家都要买点月糕和扇糕用来拜月姑娘的。甲子的月姑娘不吃带馅的硬壳月饼，只享用传统月糕。拜月姑娘的供桌上，洁白的月糕和石榴、柚子等应节的生果，还有院子里挂着的自己做的八角灯笼，都是我对少年时中秋节的深刻回忆。

这类时节应季的糕饼还包括清皮饼、鸡仔饼、蛋清饼等。往往要看到街市中有人售卖这些应节的饼，才真实感觉到某个年节已经到来了。比如，过年时的“咸饼糖葱”。吃法很特别，一张掌心大的小饼，卷着一小段多孔的拔丝糖段，一口下去咸中带甜，回味无穷。这是只有过年期间才上市售卖的，平底锅涂了膀油，将带葱花的小饼煎得金黄。现在很多“咸饼糖葱”都是用豆油煎的，不够香，而且油乎乎的，糖葱一包上就软了，影响口感。糖葱也就是拔丝糖段，是先准备好的，需要师傅将专门的糖浆一次次拉长“拔”出来，形成疏松多孔的长条，再分成小段装好备用。手艺好的师傅，拔出来的糖酥、脆，入口即化，没有糖渣。目前甲子糖葱拔得好的寥寥无几，真正拔得好、会拔的好手已经不从事老本行了。据称现在甲子糖葱基本是从潮汕进货，仅有两家是自家拔的。因为只在春节期间上市，所以很多人买来作为拜年时赠送长辈尤其是上了年纪老人的礼物。

有些糕饼是常年供应的。比如分甜、咸两种口味的绿豆饼，小条状的油炸面食“铁钉条”，灰色块状的芝麻糕，用面皮夹着芝麻和糖卷起来的“软膏卷”，以及盐硝饼等等。这些都是甲子传统的小吃，既是让很多以前的甲子小孩垂涎欲滴的零食，也是赠送长辈老人的佳礼。说到送礼，以往甲子卖甜食、饼的伙计，都有一手包装的手艺，可以用一张毛边纸将大大小小不规则糖和饼包扎成方正的盒子形状，再用红纸包做封皮，盖上带店铺名号的印章，很是整洁大方。饼一般是十个一筒，用红纸卷起来包装。现在基本都是用塑料盒或者塑料袋包装的了。肉饼也是常年有的，馅里有白猪肉，瓜碧（冬瓜肉做成的糖料），芝麻花生等。这是比较高档的糕点，如果送人算重礼了。我的小姨读高中时，在万有农场劳动时中暑晕倒在路边，一位老农用一碗水和掐穴解暑土方法救了她，我的外婆专门去饼铺包了一筒肉饼送给这位农民兄弟表示感谢。

还有一些糕饼则是有特殊用途的，比如祭祖、拜神佛，以及葬礼、拜祭时所用的各类糖塔、寿桃等等。糖塔是用带红颜料的糖用模具浇筑出来的，形状就是一座宝塔，一般都是一尺左右高。寿桃是个统称，包括各类用面做的桃、柿、石榴等等，讲究的寿桃摆件要占整整一张桌子，有盘有果，有枝有叶，各种水果配件点缀其中。因为是供神拜祭所用的，各类瓜果颜色有红有绿，很是好看，分别的位置和数量也有讲究。

甲子所里专门制作和售卖这些甜食和糕饼的店铺，唤作饼铺。比较出名的饼铺，有“忠字牌”“许厝饼”，以及在灰路的一些饼铺。这其中，“许厝饼”也就是铺名为“安盛号”的老牌饼铺，历史很是悠久。甲子所内上百年历史延续的老店，目前仅存的只有“谢厝金”和“许厝饼”两家，一家饼铺能够传承百年，确实不容易，可见口碑。据称许家先祖三百多年前从普宁北山乡迁往甲子所城，以碣石卫镇台手书的“九如馆”为名经营生意，后清朝同治年间其后人在“九如馆”的基础上创办了经营起糖糕饼生意的“安盛号”，至今已过一个半世纪。“咸饼糖葱”的制作技术，就是许家从普宁带入甲子所的。许家的寿桃摆件，也很精致、逼真，非常见功夫。

以往许家的糖糕饼会印上“号头”的印章，也就是品牌、广告，有的是“铺住甲子东关社石街开张精选各色糕饼糖料发售贵客光临请认招牌为记”，有的是“许氏老铺精选明糖芝麻糕发行九如馆为记”，有的简简单单就是“安盛四”，也就是安盛号第四分号的招牌，还有的直接在糕饼的模具上分别刻上“九如馆芝麻糕”其中各一字，做好后的芝麻糕就自带广告了。这些印章、号头，是从清代就启用的，现在都是古董了。老店确实比较讲究，我也很喜欢这些号头，古色古香，很有传统的意味，不过现在甲子饼铺用旧式号头的都已不多见了。

擎天石下一园丁

祖父一生喜爱书法，所以大大小小的名章、闲章不少。这些印章多是文友篆刻赠送的，也有不少是老人自己买的印石，拟的印文，请人篆刻的。近期回家过年，收拾书房时看见这些印章，心中感触颇深。仿佛回到祖父在桌旁写书法，年少的我在旁帮忙抻纸的旧日时光，仿佛看到祖父背手端详墨迹淋漓、刚刚写完的书法的情景，仿佛听到祖父唤我取印章印泥的声音。有些用得久的印章，棱角都光滑了，发出温润的光泽，触摸起来有不同于木石的温度。这些都告诉我，它们曾经被人长时间地握在手里，斟酌着盖在宣纸上。而印面上干枯的印泥痕迹又告诉我，在曾经的岁月里反复使用它们的人，已经离开了很长一段时间。睹物思人，尤其是对着这些带有先人手泽的物品，总引发我长久而深切的怀念。

这些印章中，有两方形状同为扁圆的闲章，一木一石，一新一旧，印文很特别，都是“擎天石下一园丁”。同一印文，刻了两方章，可见这印文的内容是祖父生前喜爱的。木质的那方印章，应该是祖父年轻时就开始用的。不是很好的硬木，用得久了，印面边沿已经残旧，还有几处小小的裂口。祖父的多幅早年的作品上，都有这方闲章。擎天石在原甲子中学，即现在的甲子一中校园内，以传说中被雷霆劈开的巨石及石缝中的榕树作为当地一景而出名。这方印章应该是祖父三十岁左右在那里任教的时候自撰的印文，请人篆刻的。石质的“擎天石下一园丁”印章，顶上写着释文的宣纸还没有揭去，边上篆刻印章的文友所刻的赠语，笔画中的石青依旧翠绿，说明刚刻成使用不久。这一方印是老人去世前两年，八十二岁时嘱人篆刻的。两方印章一前一后，涵括半世纪光景，跨越老人经历的大半辈子，唯一不变的是印文，依旧是“擎天石下一园丁”，轻轻印下故乡一处幽静学堂中，一个平凡教师从年轻到年老的悠长身影。

祖父从教近四十年，桃李满天下，这是他一生最为之骄傲的事情。祖父出生于1925年8月，21岁时考上民国时期的嘉应大学法学系，原应1949年毕业，但1948年初受组织安排，到粤东惠来地区参加韩江纵队文工团，为解放工作进行地下宣传；1948年5月惠来解放后，组织任命他为惠来教联会主席，但他不愿当官，想到学校从事教学工作，所以1949年自愿回甲子到第三小学任校长；1950年，他又向组织提出，不愿意当校长，只想当个语文教师从事具体教学工作，所以到原甲子中学任教，一直到以处级待遇离休。这份经历在处于海岬边镇的故乡乃至邻近地区并不多见，这种愿将毕生奉献给教育的胸怀和精神也确属少见。但祖父一直认为自己只是一个普通的教师，是一个在擎天石下默默耕耘的园丁。而不仅仅是学生，很多人都称祖父为“老师”，按照学生的身份行弟子礼，甚至让自己的后辈称祖父为“老师公”。一个平凡的教师，能让这么多人，这其中绝大多数是并没有师生关系的人，都称之为“老师”，并将其作为一个辈分一样的尊称，更可见祖父的确无愧于“教师”这个原本就应该沉甸甸的称谓。

我认为，祖父作为一个教师，之所以受到如此尊敬，主要有这样几个原因。首先是学识。祖父上过家族的私塾，读过新学，从小就刻苦好学，考高小、初中、高中的成绩都是全县第一，更是当时少见的大学生。祖父曾对我自豪地说起当年赴县城考高中时，没有人看得起他这个乡下穷小子，等到放了榜后都不相信一个乡下人取了头名，许多学生和当地的民众都跑来他住的旅店，隔着窗子围观他。祖父谙熟文史，擅长诗词，较为深入地研究和整理了地方史，对楹联等传统文化多有涉猎，尤其书法造诣颇深，现在家乡多处寺庙、祠堂等还留有祖父书法石刻。这些祖父数十年钻研而成的学识，自然无须我多言。更难得的是祖父从未将钻研学问与人生追求分离开来，以学导行，以行践学。老人曾说过他的人生理想是“造福一方水土”，他也确实是穷尽毕生心血为之努力的。而从教就是祖父将自己学识传播遍及他力所能及之处，期望以此改变、造福一方的方式。有这样的老师，是学生之幸，学生自然心怀感恩尊敬。

其次是爱心。祖父不仅仅有师对生的关爱，更有把学生当成儿女一样的疼爱。我只从长辈言语中知道，有不少学生因为家贫或路远，经常被祖父叫在家中留宿、吃饭；周边乡下的穷学生没钱读书，祖父就一次次家访做工作，甚至先垫交学费；学生升学录取或者毕业后工作受阻，祖父总尽心尽力奔走协调，甚至联系熟悉的关系托为照顾等等。至于祖父具体为学生做了哪些事，我就不明了了。但有几个场景，我无法忘怀，这也足见祖父与学生的关系。祖父临终，很多学生到家探望，甚至不远千里赶来见老师一面。有的在房间还对祖父说老师精神不错，出来就哭了，怕祖父听到，无声地流了一脸泪水；还有一位学生，自己也已年过不惑，因祖父卧床不便起身，他就直着身子跪在床前垫子上和祖父交谈。祖父去世后，灵棚中央的挽联横批，大家商议许久，想用一个能概括祖父一生的词，但一直没有定下来写什么。后来也是当教师的小姨妈提议，用了“大爱无疆”四字，大家都觉得贴切。而出殡时，扶棺送行的不仅是孝子孝孙，还有祖父教过的几十个学生。一个平凡教师的爱，能有学生披麻戴孝、扶棺哭送作为回报，足矣！而没有对学生的无疆大爱，能换来这感人的一切吗？

还有就是谦逊平等。祖父可以借以傲人的东西很多，从名誉、地位、威望到学识等等，都是邻近地区的人们认可推崇的。可是祖父一生谦逊，不争、无求，既是学生的老师，也是所有人的好友。祖父提携后进、多有忘年之交等等事情我无法一一记录，姑且说一件小事。祖父特殊时期中被下放甲西农村劳动时，结识当地一位老农，名叫喜通，我们唤之为喜通叔公。农村人朴实，觉得祖父这样受人尊敬的人能与自己交结很荣幸，无以为报，便每年自家饲养一大公鸡，待过年时骑车送到家中来，年年如是。每年喜通叔公来到我家，总是草帽赤足，局促不安。祖父必亲起接待，拉其坐下，泡茶聊天。既归，必回礼丰盛，要我们小辈送到路口。双方都觉得很欣慰。祖父去世后的第二年新年，喜通叔公依旧抱一大公鸡到我家，入门见大厅挂祖父大幅相片，非常震惊。家人告诉他祖父已去世的消息，他对着照片就痛哭起来，坐了一会就走了。我想象不出这个老农民骑车回家一路上的心情。前段时间，我祖母和母亲到广州小住，喜通叔公一个在深圳工作的儿子听说了，还专门到广州看望。因为喜通叔公一再嘱咐儿子，要和李老师一家“世代相好”。这是什么样的质朴感情？祖父多年前在农场里与喜通叔公这个当地农民的交情，作为后辈我也并不明了。可是听到祖父去世的消息而惋惜伤心的人，不仅仅喜通叔公一个，这里面有高望名流，也有贩夫走卒，他们都是祖父的好友。越是谦逊，越是不看轻人，人们反而更尊敬，这尊敬也更亲切。

另外，就是心态了。祖父一生经历多矣，人生沧桑历尽。老人文革中曾经被打成“黑帮”“反动学术权威”，在县城的龙山中学被关押一年之久，被批斗、下放农村接受监督劳动，一度无书可教，被勒令喂猪、敲钟；家贫至无立锥之地，辗转租屋十余处，曾冒雨背着一点家当，拖着、抱着几个哇哇大哭的幼子搬家；中年时祖父独子，又意外溺水去世。人生的苦难不幸，祖父经历了十之九八。至晚年恬静幸福时，祖父却从不轻言以往的不幸苦难，唯平静处之。世事风波历尽，才能这样淡定吧。而因对苦难深有体会，老人在晚年生活富足时总设法周济亲友、学生中贫苦孤寡之人，或尽心尽力为他人解忧化难。去世前几个月，老人身体已经大不如前，仍为排解协调一家族亲友的家庭纠纷来回奔波，直至纠纷平息。又因独子离世，他更把学生当作自己孩子，许多学生也像对待父亲一样对待老人，这使老人深感欣慰。特别是与祖父独子曾同届读书的叔伯们，因这层特殊的关系，祖父与他们之间更加不仅仅是师生情谊。至于学生学业有成、对社会有所贡献，这个经历过层层苦难又总算拥有安宁生活的老人，便感到满足了，并不求回报。历尽沧桑苦难，却平静对待，反以慈悲心肠反馈苦难、对待人生，这更是老人值得尊敬之处。

祖父去世前一年，到广州检查身体并疗养了一段时间。我休了半个月假，到医院陪伴老人。那时老人的身体精神都还不错，每日晚饭后祖孙两人便沿着医院的花木走廊散一圈步。一日散步时祖父说到他毕业后找工作的事情，所以我就随意问祖父，如果当时没有当老师，会从事什么职业。祖父很认真地思考后回答：“我只能去当老师了。一个人有一点文化和理想，当老师是最好的，能够影响很多人，一起来为理想奋斗。”我一直记得这番话，并为之深深感动。受祖父和同为教师的祖母熏陶影响，家中后辈当教师的也不少。我的母亲和三个姨妈，都在大、中、小学任教任职；我的姐姐和两个表妹，也先后走上讲台任教；我的妻子，也是一个小学老师。我希望我们的下一辈中，还有人能当老师，尽后辈微薄之力将祖父的毕生理想传承延续下去，至少不辜负祖父对教师这个神圣职业的理想期待。

擎天石依旧在一中校园内耸立，石缝中的榕树依旧苍翠，校园内却再也没有这个平凡教师默默耕耘的清瘦身影了。“不惜身上膏，化作千尺明。陪人倚窗读，照人赴锦程。点点发光热，从不慕虚名。一心贯终始，本性尽忠贞。”这是祖父七十八岁时写的一幅书法，后有释文：“录前人蜡烛诗以庆祝教师节。”这幅字用的闲章，正是“擎天石下一园丁”。

叩问舅父

我对舅父所知甚少。他去世时还很年轻，不满三十岁，而我只是五岁的孩童。我对他音容笑貌的记忆，是一个小孩对一个亲近长辈的模糊轮廓。而他的具体形象，对现在的我而言，更多的是他留下的物品，辗转传到我耳中的有关他的长长短短的介绍，以及曾经熟悉他的人言语中涉及他的往事，这种种信息所堆积起来的，一个遥远而真实存在过的远行人。

我常常在想，我现在记忆中的舅父，到底是真实的往事所留下的，或者仅仅是一个虚拟的形象？还是这两者相互交织，经过时间的酝酿，掺杂了自己的推测和想象，从而在脑海里塑造出来的幻象？也许没有人能给我准确的答案。因为记忆总是难免带偏差，也容易带上感情的色彩。更何况舅父生前内心的种种想法，特别是从未与别人说过的情感，这些更加没有人能够真切地体会和诉说了。解铃还须系铃人，这些随着舅父的离开而被隐藏起来的情感，还有我长久以来想要知悉的有关舅父的许多事情，也许只有长眠于故乡黄土下的舅父才知道了。清明将至，故人频入梦。谨将我记忆中有关舅父的二三事草草记录下来，同时也把长久以来藏于心内的许多问题，借文字一一向舅父叩问。

舅父是个非常聪明、好学的人。这是每个回忆起他的人首先想到的印象。据说他读书时的学习成绩非常好，语文更是出类拔萃。他是甲子中学七九届的学生，考上了湛江医学院并以医学学士毕业。他的遗物中有数本读大学时的笔记，都是带硬皮封面的大笔记本，厚厚的一大本，里面用黑、蓝、红三色的墨水做的课堂笔记、读书笔记，记录得非常详细。实验的器皿和操作、人体肌肉或骨骼的形态，都画了详细的图和作了具体的注释。非常整齐、漂亮的钢笔字，用笔尖极细的钢笔写的，有些标注在图表上的字只有豆子大小，也都整齐规范，极少有涂抹、改正的。

他有一本巴掌大的英文字典，空白的地方几乎都写满了字，还夹满了各种各样的小纸条。他还留下了一张日程安排表，应该是毕业后刚参加工作时制定的，规定自己在几周内每天上午花若干时间学习某某专业医科书籍的某部分，下午学某部分，下班后再花若干时间复习检查。他毕业后在陆丰医院任职，听说年纪轻轻就能做出色的外科手术，没多久就成了医院西医学上的专家，专业上无可挑剔。

不知道我优秀的舅父，当时心中有没有什么理想、目标，年少成名的他想成为一个什么样的人？或者换一个角度说，如果这个聪明人，凭他的好学和聪慧，不遭受意外的话，能在医学上有什么建树，他的人生能取得什么样的成绩？而一个聪明人遭遇如此的不幸，是否会让人更加惋惜和痛心？

他有很多爱好和特长。他的文章据说写得很好，读书时作文常常作为范文。他能写一手很漂亮的毛笔字，听说读初中时他就到街上卖春联，围观的人比买的多得多。我没有看过他留下来的毛笔书法，但他的钢笔字确实很漂亮，洒脱大方，笔画转折很流畅，很多连笔，有时一笔数个字。他会左右颠倒地反着写字，把纸页翻转过来才能看到照样洒脱的行书。他很多书的签名都是在扉页的背面反着签的。他还经常在书页上用红笔写篆文模仿印文，不细看会以为是真的印章。

他会作对联，猜谜语据说也是好手。可能还会一点诗词，能自己写上几句。他还喜欢集邮，有厚厚的几本邮册，整理得很好，虽然没有太多珍邮，但分门别类也颇为可观。他留下很多空信封，都是邮友寄来的，有一些邮票都还没揭下来。他还留下来不少照片，有风景照，也有个人照，可能也喜欢摄影。听说他唱流行歌唱得不错，还会跳点舞。这些都是那个时代青年的时髦。笛子也吹得很好，还能拉二胡，经常自娱自乐演奏一番。他有一张在拉小提琴的照片，但据他好友回忆，不知道他还会小提琴。是否一时兴起的摆拍，或许他在哪悄悄学了一手？

还有一张照片是他和几个朋友还是同学，穿着印有号码的短裤背心，可能是参加过篮球队或者排球队，但我不知道他是否有什么体育爱好。我依稀记得他有时单车后会夹着一个球回家，他和我还曾经在家里的院子踢过这个球，不记得是篮球还是排球了。

舅父是否还有我所不知道的爱好？而一个人逝去了，这些曾经的爱好、擅长的技艺，如果没有记录或者是别人的诉说，是否就不再存在了？一个年青人曾经为之付出的诸多兴趣，寄托了自己对生活趣味种种理解的诸多爱好，又是否在生命逝去时，完全失去了意义和价值？

从他留下的照片看，他的个子不算特别高，中等的匀称身材。长得挺帅的，国字脸，高鼻梁，梳着偏分的发型。那时候没有特别多的时装，大家都普遍穿着黑蓝灰的衣服。他留下的照片，基本都是穿着旧而整洁的衣物，好一点的也无非是中山装。但有几张照片里，舅父穿着西装、皮鞋，有一张他还穿着一件很时髦的灯芯绒外套。不知道是否拍照时专门借来穿上的，还是他自己的衣物。他留下的物品里，还有一条天蓝色的领带。他应该还是很讲究穿着的，即使家庭环境并不宽裕，也尽可能穿得帅气、时尚一些。当年应该是个很帅气的小伙子。

听很多熟悉舅父的人说，他性格开朗而温和，待人接物很稳重。他还挺幽默，时不时会冒出几句俏皮话。多年之后，在一次聚会上，和他高中同届的同学，还向我说起舅父曾经说过的幽默的话语。他爱交友，好友很多，听说经常聚团活动，东家串门，西家聊天。一个充满朝气，有理想且踏实的年轻人，爱好广泛、性格开朗，谁不愿意和他交朋友？

舅父去世之前，已经有了女朋友，正准备谈婚论嫁了。我见过她之前的照片，一个很漂亮的姑娘。十来年前，我和母亲以及一个姨妈，到她居住的城市和她见过面，一起吃了餐饭。她依旧美丽，早已经有了家庭，有了一个女儿。母亲、姨妈与她带着泪眼互相嘘寒问暖，笑着问现在过得好不好，小孩乖不乖，成绩如何，都说时间过得太快。

如果不是命运中的意外，舅父现在应该会有什么样的生活，他是否会按照计划组建起幸福家庭？他是否会依旧帅气、幽默，过着平静而安宁的生活？他匆匆离去，也没有来得及与深爱的人告别，连一句话都没有留下。如果给他一个机会，他会最后付托或者叮咛什么，还是最后一次祝福她今后的生活？

据说他出事的那天傍晚，医院宿舍停水，他和几个朋友相约到一条并不险急的小河游水洗澡。听说他泳技一般，但河水平缓，也不深，所以并不为意。等到众人发现时，已经回天乏力了。他去世后，安息在故乡复元寺后。奇怪的是，原有洁白的石头墓碑的碑面，不久就有小一半的地方蒙上了浅浅的灰褐色，我的表舅等几个亲戚想尽了办法擦洗，也一直去不掉。三十余年过去了，现在碑面上还有隐约的痕迹。90 年代末，传闻复元寺后的土地用于开发，有人谣传已经平整了一些坟墓，我的母亲和姨妈闻讯赶到复元寺，未到寺前发现泥土、砖瓦凌乱，误以为谣言属实，大哭往寺后寻找，发现舅父坟墓无恙，后来四处打听才知道平整坟墓为谣言，寺庙前砖瓦泥土为修路所用，这才安下心来。

如果不是那么多的巧合，他不会赴那条命运之河。而这条河，将一个家庭撕裂成碎片，也给存活者的心留下深深的伤痕。如果人能有预测未来的能力，是否就能逃避命运的残酷安排，是否就能长相厮守，团圆幸福？匆匆离开的舅父，是否还有不舍，才让自己的石碑涂抹出斑驳的花纹？而墓中人如果目睹两个姐姐冒雨大哭寻墓的情景，是否也会泪飞顿作倾盆雨？

长久以来，我都称他为“舅父”，而不是“舅舅”。一方面，“舅父”是书面语，正式些。对一个已经长眠于黄土中的逝者而言，这是后辈对他力所能及的尊重。另一方面，更重要的是，他是独子，去世时还没有结婚，没有留下子嗣。所以由家中长辈商议，把我过继给了他。也因此，我没有随我父亲的姓，而将舅父的姓冠于我的名字前，将他作为我另一个父亲。这并不是纯粹的迷信或者说是宗族的观念、祭祀的必须，也是对活着的人的一种藉慰，尤其是对于我的祖父母，还有所有曾经熟悉他、喜爱他的人。

如果舅父地下有知，应该会同意如此的安排吧。但命运迫使他匆匆离开人世，仅仅让一个年幼的外甥继承姓氏和香火，不让他陪伴自己父母的后半生，是否过于无情？一直以来，我的家人包括祖父、祖母，几乎从不谈及舅父的任何事情，仿佛这是不可触及的秘密，舅父可知道他们心中想着什么？而我已去世的祖父，据说生前从来没有到过舅父的坟墓看过一眼。而今祖父与舅父均已安息在故乡黄土之下了，一别多年后在九泉之下相见时，这对熟悉而又陌生的父子，又会说起什么？

舅父已经离开三十多年了，我无法将记忆中与真实的他一一比对，也没有办法与他曾经认识的所有人逐一核实——许多曾经熟识他的人也不在人世了，比如他的父亲、我唤作祖父的人，也已逝世十余年了——而上面这些我叩问舅父的问题，更没有可能得到他的回答。但不容置疑的是，我的舅父，李文灏，曾经在这个世上生活过，给家人、亲友留下许许多多的回忆，很多即使长久以来没人提起，但仍深藏于某一个曾经认识他的人心中的记忆。这些记忆，可能在每个人的心中各不相同——这个我记忆中的舅父，也曾是某某的好友、某某的同学、某某的爱人，也是他父亲的儿子、他四个姐姐唯一的弟弟——所以这记忆的侧重、角度，自然不同。一个人去世了，而其他人还留存着关于他的回忆，是否这个离开的人就会以另一种方式，继续活在其他人的记忆或者生命中？

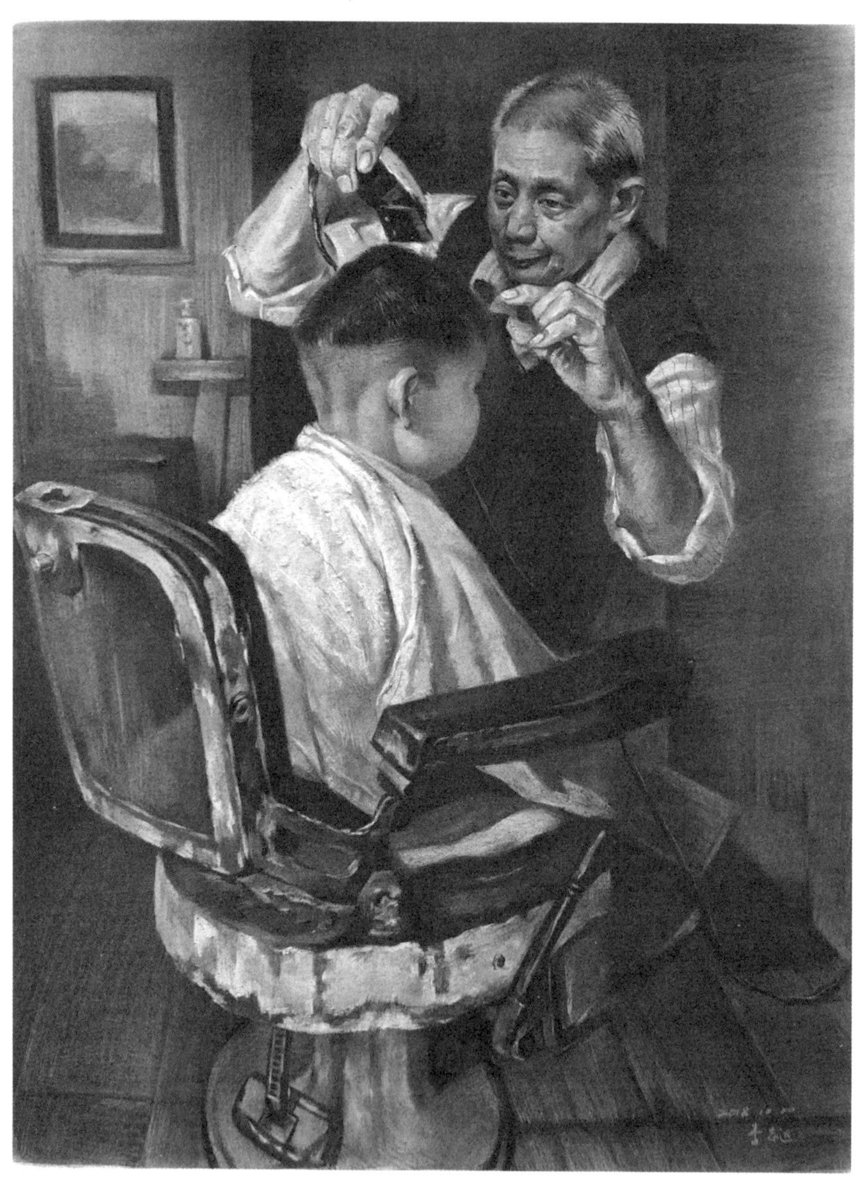

英歌林冲

一

民国若干年间，地处南海隅角，明清以来名作甲子所的地方，发生了一件不大不小的事情。

说是大事，因它改变了多人的命运；说是小事，是因为没多久，这件事就被人们淡忘了。那个时候，有太多的事情，太多的改变，一个人无法什么都记住，于是就都渐渐忘却了。

二

林冲赤着上身，只着一条黑色灯笼裤，呼地从船舷扎入水中，约半刻钟，才猛地从水里冒出来，抹一把脸上的水，笑嘻嘻与周边船上打招呼：“阿寿伯，你醒得早！吃过粥未？”被唤作阿寿伯的，已经七十多岁，耳朵重，知道是问好，就笑着点点头：“好，好，你有心。”还未待老人回答，那个强健的躯体，一个猛子又扎到另一处，向另一条船上的熟人大声打招呼了。

原来在当地被唤作疍家的水上渔民，习俗和律则上不许在陆上定居，只能在渔船狭仄的船舱中生活。有的人自出世到终老。一生都在摇摆的舢船上，甚至上陆会“晕山”。渔船停泊无定位，林冲交往又广，故只要看见渔船，十有八九有熟人朋友，怪不得这夏日的大清早满码头就都是这个后生仔的爽朗笑声。

林冲现年二十六岁，像个豹子一样强健，肤色是渔民特有的乌赤，更显得健壮。父母在他初出世时下海打渔，遇上风浪双双丧生，他是吃百家奶长大的，照样长得高高大大，结结实实，生得好眉好眼，都说是妈祖可怜无父无母仔。他无依无靠，可也无牵无挂，孤身一人，赚下饭钱就快快乐乐过一天，他又爱交往，渔家、陆上都有朋友，尤其处事大方仗义，在渔家后生中颇有威信，讲究情意，长得又讨人喜欢，加上一身好力气，到哪里都受欢迎。

在海里痛痛快快洗了澡，走到后溪码头吃了一海碗鱼生粥，林冲心满意足地走回自己的小舢板，换上对襟白布褂，宽松的黑色灯笼裤，配上白袜、圆头黑布鞋，腰上还洋洋洒洒系一条巴掌宽的崭新湖青腰带，那是爱慕他的渔家女子亲手做的，绣着鸳鸯荷花，流苏上还成双成对地打着如意结。这样的腰带，一年三月三踏青对歌时，林冲记不得要收几幅。穿着这身精神洒脱的打扮，林冲大摇大摆上了岸，一时兴起，记得潮剧《南山会》里的几句，随口唱了出来：“终日骑只白马仔，满街走来四散颠。颠阿颠，今日要上南山岭。”亮晃晃的嗓子，惹得几个在码头上补织渔网的女子，眼波转动，心神不定。

依古俗，疍家渔民是贱族，不可穿鞋、穿整衫裤，须打赤脚，用黑蓝两色布料拼接做成衣裳，但乱世人心惶惶，无人理会这些琐事，加上民国提倡民主，海港小镇也渐开化，年轻渔民不太理会这些古俗了。故镇上人虽仍看轻疍家，但渔民渐渐与陆上人无异，甚至还有陆上的穷苦人家与渔民联婚论亲的，这虽使镇上乡绅族老痛心，但个人日子个人过，时局又不定，也就罢了，并没有像前清一样，将伤风败俗的年轻人抓在祠堂前，赤了身，用竹板宣扬族规与贵贱了。

三

却说林冲今日打扮一新早早上岸去，没与伙伴到沙滩拖网，也没随船下海打鱼，是因为有一对他来说极为隆重的事情。原来甲子所内元高社的英歌队今日要做开练拜神仪式，他今年以外社身份参了队，故也在邀请之中。

这英歌，又唤作英歌舞，是甲子当地循古傩舞传下来的一种磅礴豪迈，糅合武术、舞蹈及戏剧的表演，由水浒梁山泊好汉攻打大名府搭救卢俊义的故事演绎而来，分前后棚，前棚由舞者化妆成梁山好汉，或手持双短棍，旋转击打，或执小鼓、鼓槌，舞动敲打，并依古例传下来的十八阵法，配以锣鼓指挥，变换阵列，夸张抽象表演战斗场面，后棚舞者则表演滑稽场景和戏曲片段，并有南派武术对打演示。英歌舞不仅能驱邪去恶，还要舞得有力好看，所以舞英歌的都是林冲一般年纪的年轻后生。林冲不仅舞得一手好英歌，还有一身好武艺，加上年青有力，扮相俊朗，一出场就常博得围观人群喝彩。

这里得说一句闲话，林冲这个名字，不是他真名，他原姓却是徐，只因他在英歌舞里，常打左队二槌，佩戴豹子头林冲名讳的腰牌，饰演梁山好汉林冲。这头槌二槌可不是随便都能打得的，须得舞技好、武功强，还要装扮上妆。人人看这个后生好武艺又好眉目，都唤他作林冲，久而久之，倒把他真姓名给忘了。他也乐意人家以林冲之名叫唤，这可是份荣耀。比如赶圩、归渔时，多少渔家女子对渔歌时，就常常嵌入林冲这个名字，使对歌的后生自愧比不上，收歌歇战。

拈了香，在代表三十六天罡的三十六张大红木桌前跪定，待社中乡老读完文绉绉的祈文，英歌舞者们在围观如潮的人群中，神色飞扬地依次走上庙前台阶，把香插在大香炉中。按领队交代，林冲最后一个上去，走到台阶上，站在香炉旁的乡老，却一把夺过林冲手中的香，自己恭敬地插在炉中，不拿正眼看一下林冲。林冲猛地回过神来：自己是疍家人，不能在这神圣仪式上污了神明。能加入英歌队已是不易，前两年都在这队中做陪练，带新入的后生，也没个名分，合练时也扮妆，可英歌队一上街表演就只有看热闹羡慕的份，今年社长开恩，让他这渔民后生进队，已是天大恩赐，故他只是愣了一愣，就依规矩凌空合十一拜，洒脱地转身走下台阶。转身时故意使了个圆身返肩的身法，腰身灵巧地一摆，腰带流苏前后摆动，又引得围观人群中行家闲汉一阵喝彩，但很快就被震天的鞭炮声压住了。

敬过三十六天罡七十二地煞的名牌，焚化了法师画的符帖，将队中腰牌托在漆盘中，请神明过了目，才分发给了众人，这等于表示，在装扮佩上腰牌后，便有了神一样的英雄身份。依礼俗，跪拜谢完神明的恩赐后，这群年轻健壮，暂时获得天神身份的后生，就在庙中耳房装扮起来：脚踏佩铃草鞋，打五彩绑腿，下着红裤，执槌武畔上穿白襟环花束袖黑衫，打花脸，执鼓文畔则穿天蓝色衫，化净脸，头戴雉尾双龙武生冠，每人腰间系上写着水泊英雄姓名小牌，腰带上还插上小巧玲珑的小件兵器，皆依水浒中英雄惯用的兵刃所打造，最后在盔冠旁一左一右插上一对拜神用的金花，毕竟现在他们不是平日里的凡人，而是代表了梁山英雄天神。

诸英雄装扮得当出得庙来，真是英武雄壮。社长与乡老族贤，代神明将槌、鼓依队伍列次分发给众人，队列前后皆燃了鞭炮，英歌队便在神庙前的空地开始了第一次合练。虽说是初次合练，但人马以往大多都熟谙，加上个个都是个中好手，舞起来都悉知套路，扮宋江掌锣鼓的指挥官又知趣，故整整玩了半个多时辰，把长蛇挺进、双龙出海、四虎并驱、粉蝶采花、孔雀开屏等等阵势都演练了一遍，方都觉得尽兴。便都歇下来抽烟喝水，上妆出了汗觉得脸皮紧的，拈了牙签在脸上捻动解痒，教头过来一一指点刚才的缺失。林冲依旧站左列二槌，以往耍一天也不累，今日一套阵势舞下来，却觉得口干舌燥，毕竟是第一次正式上场。

因是练习，没有后棚表演。歇了三五刻钟，便直接耍起了对打，这是由舞者分成二十对，或徒手或各提所饰英雄惯用兵器，按套路进行对战。林冲依例使一把丈八蛇矛，与提青龙大刀饰关胜的一个后生杀将起来。这关胜也是好身手，一把大刀舞得风声四起，没辱没了梁山好汉第五把交椅的名声。将遇良才，林冲也使出了十分本事，博得人群中一阵又一阵喝彩。两人一来一往按套路打完对战内容，还都没有尽意，可锣鼓亭上已鸣金，林冲打对眼向关胜一点头，算是赞许，各自回列谢场。肃立听社长训了话，下得场来，各自摘下金花擦了脸，又成了凡人。林冲找到饰演关胜的后生，换姓名作了朋友，方知道他唤作蔡鑫。便又约上几个熟稔的伙伴，一同吃酒去了。

四

在镇上牛肉铺吃了酒，夜色渐浓，林冲方告别伙伴，回到船上。躺在摇晃晃的船板上散酒，一边看着皎洁的月娘，再也没有比这更惬意的事情了。人喝了酒便想唱歌，林冲也不免起兴，于是用不高的声音，唱了一个四句的渔歌：

月照大海白茫茫，

无论鱼蚌与龙虫。

嫦娥也有神仙配，

心顶人，觅来觅去何处藏。

唱完却有些后悔，觉得这歌不应从一个吃二斤牛肉一斤酒的英雄口中唱出。正嘲笑自己时，不远海面有一女子接了歌，声带笑意，音调虽不高却听得真切，也是四句：

嫦娥自有月宫藏，

神仙何须在一旁。

有心去寻寻不着，

海上风浪千万层。

女子的声音脆，晴朗朗的月夜里唱出来，更有几分揶揄味道。林冲被人听到心思，又急又羞，所幸吃了酒，又在夜里，看不出有没脸红。坐起身看，又看不真切，不远处影影绰绰的有几只照虾的船，不知是谁家的女子。虽有一副好嗓子，林冲平日却少去对歌，因附近港口的渔家女子后生，哪个不知道林冲声音？一听到林冲开口，后生往往不敢同场唱歌，而女子却无人敢应，顶多走近抛个腰带荷包，就别身羞脸跑开，常常冷场败兴。林冲自己也觉得无瘾，便越发少去了。今晚不单单被应了歌，还被女子嘲笑，真是从来未有过的事。林冲想了想，用两句本地惯用的歌问对方，大意是从哪里来，戴什么花，经过时要不要来喝壶热茶。这一般是用来打探对歌人身份意向的。可是等了又等，却无人再应声，只有海水一波波拍打着船舷。林冲不由觉得扫兴，想再唱几句解嘲的歌，又觉得没面脸，更不敢驾船过去找个分明，又等了一会，海面还是静默。只好讪讪解了舢板绳索，望了灯火，把船划到东宫码头前。

上得码头，在天后宫前聚集玩天九纸牌的渔家后生，见来的是林冲，丢下纸牌围上去，因他今日出了彩，扯住就要请吃酒。林冲被团团围住，白天时的荣耀又被提了上来，便拿钱唤熟稔伙伴代买了三五支白酒几包花生，在天后宫前围坐吃起了酒。都夸奖今日扮相武技，说为渔家人争面脸，都把他当作英雄一样崇拜。免不了说起白日仪式，炫耀阵势严整，使关刀的关胜如何英武，说得技痒，酒又喝得不少，在附近废船上抽了两截木料，跳上天后宫前的戏台就演练解说起来，几个伙伴也学将起来。酒吃完了，也耍足了，又玩了一阵天九，才渐渐散了。几个熟悉的朋友都约林冲明日一起打鱼去，仿佛能与这英雄一同出海是莫大的荣耀，林冲左右为难，只好都一一婉拒了，只吩咐明日如有拖网大船入港，可唤他一起到沙滩拉网。

人都走得差不多时，林冲拉住一个熟稔的伙伴，低声问他今晚哪家的船在港口照虾。伙伴说了几家名字，却没有对得上的，不是家中没有年轻女子，就是素来熟稔不至于对歌嘲笑的。伙伴又说，可能亦有外港船从别处过来，说到为何问起这事，林冲又不便回答，说到别的事情上去了。道了别就各自划船走了。

回到刚才泊船的地方，看见照虾的船还在。抛了绳索系稳船，林冲却心中烦躁，无法睡下，索性除了衣裳，跳进海中洗澡。吃了酒身子烫，夜晚海水凉，起来时全身哆嗦了好久，才觉得舒服些。想躺下又觉得不妥当，翻锅倒鼎找出来小半包乌糖，加上几片姜，在船头煮了半锅，趁热喝了，这才躺下。船舱小，身子又高大，望着狭窄的舱顶和舱门外的月夜，想起刚才的歌声，林冲生出不少思绪来，这可是以往没有的。哪一天不是痛痛快快流一身汗，回来倒头就睡？林冲没有读过书，不知这想法唤作什么，只想起自己的诨名，记起戏中故事，不由轻轻自言起来："林冲林冲，你这八十万禁军教头！你为人最朴忠，三打祝家庄，立了天大功劳，又救了宋江、柴进，却只能写休书狠心抛离妻儿上梁山，说你是英雄好汉，你也最无情！"又想那时擒了一丈青扈三娘，如果不被宋江指配了矮脚虎，而若能与林冲成佳偶，不知又会如何。想得晕晕沉沉，额上又热昏昏，迷迷糊糊睡了过去。

五

第二日林冲一觉睡到中午，明晃晃的日头晒得通身暖和，手脚却还有些无力，看来吃了酒半夜洗海澡，再壮实的人，也得惹了伤寒。胡乱煮了半锅粥，搅了几筷子剁碎的九层塔叶，坐在船头吃了，胃里热乎乎的，倒也好了八九分。恰好伙伴来叫去拖网，就在海里洗了手脸，随伙伴的船去了。

到了地方，脱了衣裤，把一块宽布围在腰间，用草绳系了，众人就先闲坐着卷纸烟吸，等大船入港。原来这拖网作业，须两船协作，中挂渔网捕鱼。而大船进不了浅滩，网了鱼后，两船只能驶到近海，再由人力将网拉上滩来。又因咸水腥毒，如穿裤子拉网劳作，海水泡过的布料摩擦肌肤，尤其是两腿侧，不多时就会溃烂，恶疼无比，故拖网皆只系块破布遮羞。不多时，大船慢慢靠近了，船老大跳下船来，蹚在水里，指挥着众人拉绳拖网。林冲英歌队里舞头槌二槌，拖网也挑最出力的头纤二纤，当仁不让地拽起绳头围在腰间。船上水手见是林冲来帮忙，好似得了荣耀一般，都说拖一次大网，若是有十个林冲就足够了。这算是夸奖，可林冲只好装作听不到。毕竟在这海滩上赤身围着破布拉网，比起英歌，实在不能算作荣耀。

几十个精壮劳力喊着号子拖得一网千把斤的鱼上滩，都累得没有进气只有出气。网中的鱼被船上十几个水手用木锹按大小好坏分成数堆，船主这时才从沙滩外小树林的阴凉处过来，逐一查看。海里人掌的舵，海里人使的桨，海里人捕来的鱼，海里人拖上滩，这些人的风浪里舍命的所得，都要由这个陆上人说了算。船主一堆堆仔细看完了鱼，知道这次又大赚了一笔，脸上带了笑容："妈祖保庇！这一趟船辛苦大家了，风势又变，行船多行了两日，又拖了半日才回港口，亏得加加减减还算没有蚀本。" 一边请船老大过来商议费用支出和工钱，一边交代儿子多买贡品，即到妈祖庙上香谢神。随着就吩咐将大的、好的鱼装了筐用"叶仔"小艇载了出港卖，一般的鱼用板车拖了到街市去，船东、水手挑了些好鱼，帮忙拖网的也一人分配了一小筐鱼，另给一点钱补贴辛苦。

这算是不错的了，渔民们就都说主人德行好，下次船出海还是风顺浪平，一定赚大钱。船主开心，见到林冲也在人群中，又吩咐他多拿一些，要训练必定误了打鱼，无食落肚哪里有气力舞英歌。林冲却说一人吃哪里吃得了那么些，不如买些酒分众人吃。船主应了，又叫人挑了几条不常见的好鱼带回去自己吃，这才走了。

洗了一身咸水汗，穿上衣裤，便打发人去叫妇女拿午饭来。拖网拉鱼，按理都由主人家安排妇女煮食。有一顿饭吃，又有钱拿，还能带点鱼回去，所以即使拉网出苦力，还能聚起这么多人。拖网大船不常出海，故妇女也是临时召集起来的，做好了饭，或蒸得了番薯，避羞躲在海边红树林后，等人去叫时，再挑了担子送到海边。

妇女们挑着担子分食，众人都散坐着领了。林冲昨夜受了寒，又出了一身大汗，身上隐隐有些不快，就远远找了块岩石靠着等。一个戴着斗笠赤着脚的女子挑了担，过来给了他几个番薯一个小碗，碗里装了两片过油咸鱼，还有咸菜炒的豆腐块。林冲道谢接了番薯，那小碗却没有放下的意思，拿着的人却笑了，轻轻说道："林冲，林冲，原来你就是林冲！你那心顶人，觅到了有无？"

那声音，不是昨夜对歌人还是谁？身上一惊，冷汗一出，倒不觉得不快了，只是平时勇猛英武，独自敢泅游到海角岭的好汉林冲，这时却慌了手脚，不知要接那碗好，还是不接好！幸亏慌乱中还知道抬起头，把这个用四句歌嘲笑自己的女子，看了一眼：圆圆的乌黑脸庞，一双灵活乱转的大眼睛，鼻子不高，笑起来鼻翼旁就带了笑纹。长得不算高大，看起来也健康结实，以前可不知道有这么一个胆大的女子！或许林冲的楞样惹笑，这个女子一抿嘴，连番薯带碗放在岩石上，担起担子就走了，背影滑溜溜的，一下子就走到了树林后。

正不知所措间，酒买来了。伙伴唤了林冲过去一同吃酒，这林冲方如大梦初醒，过去聚集了。又有人问起英歌事情，可林冲已没有昨晚兴致，草草回答就罢了，终觉得红树林后有人带着笑意看他，定睛看去，又空无一人，或就只是一蓬野草。

六

那日几经周折，最后伙伴指引，问了拖网船上掌舵的舵公，才问出所以然来。

年纪可作他父亲的舵公，看这被人唤作梁山泊英雄的后生，臊眉耷眼坐在身旁，假装不经意地问询一个女子，不由记起年轻时的一点事来，因晚辈在场，不便流露出来，就装作看海天相接处的晚霞，把眼睛眯住了：“这个女子我却知道。”林冲心中欢喜，又装作无意：“那倒好，我也是有人问起，托来相问。”舵公也知道这个套路，就故意说到别处去：“哦，有人问到。那日英歌舞开练，是过年要到县城比赛的是不是？”林冲只好说：“是，镇上挑了元高英歌，到时海陆惠三区共挑十八样会演比赛。”

话说到这，按例两个人都要沉默一阵，于是一老一小就都不言语了。而按例，总是后生人要先开口，林冲等了一会，就说：“我看这女子眉眼长得还不错。”这个时候，老人知道要说白了：“哦，你说那个担担送食的后生女子嚾。”“正是，阿舵公伯你清楚。”清楚什么双方都知道，但是都不必要说出来。“我倒是知道一些，伊是碣石卫的，赶汛全家口船来港口照虾多日了，就在我家船主船上借食，大虾也有卖给我们船主的，平日入夜伊家船就系在我们大船上。”一家居住在一条船上，所以说全家口船。问明白了缘由来历，林冲心中高兴，却又急着走开，就撒了一个无伤大雅的小谎：“阿伯那你坐，我记起还有事，要到天后宫去一趟。”

舵公知道这个时候，都要有一点突然记起的事，就让他去了。看着这个年轻欢快的背影匆匆离开，想这要是自己儿子多好。这贫苦舵公，三十七岁才娶了亲，不出半年，刮台风翻了住家船，妻子被龙王收去做丫鬟了，儿女都没留下一个。想起年轻时听书听来的几句水浒上林冲的诗，就默默念了出来："身世悲浮梗，功名类转篷。他年若得志，威镇泰山东！"念了几遍，记起礼数来，就轻轻说："林冲林冲，到时要给老人卖双鞋谢礼哦。"

林冲却没有空闲去记起这个传统的媒人礼数。他先赶到镇上一个开水果摊的朋友处买了一小筐荔枝，再跑到城内的面店匆匆吃了碗板面，又回船洗了脸、换了一身衣衫。等出海照虾的几条船上的汽灯都亮起来了，就将船划到旁边，说是无事可作，问问有什么帮忙的。女子父母不知缘故，只知道这模样俊俏的青年是本港的好后生仔，便请其上船，先从大茶壶里倒了碗茶请喝，拉拉家常。林冲也没有闲着，喝完茶就到汽灯下帮忙落网、拔缆，毫不吝惜力气，女子的父母兄弟好一顿夸奖。女子看林冲过来帮忙，知道他心思，待照完虾归渔时，上了他的船，说是由林冲带着到某熟人处讨要几支珊瑚，后来珊瑚自然没有讨到，回去也不早了，还带回了一小筐糯米糍荔枝。接下几晚，有本港的渔船碰巧划得远，拐到偏僻滩湾的，听到这对年轻人半夜还在对唱渔歌的，都说林冲这英雄好汉，也生出柔肠，好事不远了。

到汛期将完，林冲便央平日里熟悉的一个族中长辈，代他已成仙的父母，提着四式礼品，到女子家船中吃了茶、落了订。八月十五还没到，拜妈祖求了好日子，在一个月姑娘亮晃晃的晚上，人家就把女子嫁了过来。别人疍家女子出嫁，新娘和姐妹都要唱哭歌辞别父母亲人。这个无忧无虑的女子，嫁给的又是林冲这样的英雄，小船载着的却是勤快渔歌，到新郎船前，姐妹还要一个个让新郎出来对歌，对不上就哄笑，让林冲的兄弟伙伴也跟着笑得肚子疼，上得船来，还要猜谜算枚，处处刁难只会傻笑的新郎官。除了夜里喝酒都喝得烂醉外，至于其他的，可以说都不合规矩，照样圆圆满满娶了亲。至日后见到新娘，都夸生好又贤惠，好声说又唱得好渔歌，都说各人有各人福气，命理中生成的，应该让这苦命孤身林冲受这福分。

七

从此林冲日时捕鱼拖网，间或捞贝壳挑到镇上灰窑卖，夜晚就与新娶娘，补补渔网对对渔歌，到练习之日就上岸舞英歌。家中女人贤惠，船里舱外收拾得整整洁洁，还四处做女红或帮人织补渔网补贴家用。虽是穷苦，日子过得也安逸幸福。

至秋分时节，邻镇的海寨村李姓新盖了三进的宗族祠堂，想请英歌队在开光晋主时热闹一番，也是驱魔去邪。英歌队的领队已经接了请帖，到海寨村吃酒议事去了。消息传来，全队上下都觉得荣耀，又因为开练半年来，这是第一次接帖外出表演，都感到兴奋激动，这几次练习，都卖了力气，无论是打鼓的宋江还是执蛇的时迁，个个认真三分。

林冲也当然愿意外出舞英歌，毕竟练了六七年英歌，还没有真正上过场呢。这日练毕，都在神庙前等待接了酒帖的领队回来报信息。半个时辰不见回转，有饰演武松的就说，怕不是海寨的女人都是豆腐做的，领队的吃软了腿，上不得回路。有人就笑，也有人说神明开赦，这个后生不懂事。原来停了练，这个武松还没有卸妆，头顶还插着金花。一个暂时的英雄天神如何能说这样的昏话？于是这个武松红着脸，对着庙中神像起了誓，说刚才都是昏头话，神明不可当真，我武松，必不再说此些昏话，人神共证。又在伙伴哄笑中，怏怏去耳房卸了装拔了金花，出来神前请过，脸皮这才不那么红了。

又等了一刻，领队的还没有回来。倒是在甲子所中卖盐的一个海寨村人来代报，说领队吃醉了酒，已经被族人雇车送回家去了，又说明日上午巳时开始晋主大典，领队交代辰时在神庙前集中装扮完毕，拜过神明就出门，从庙前就开始舞，前棚后棚都要齐。并说了仪式隆重，到时送英雄们四式礼。都说记住了，又分头通知社长乡老，一一得当方散去。

第二日林冲起了个大早，兴冲冲来到神庙，已有伙伴在等待了。待来的人齐，唯缺领队一人。看辰时已到，乡老只好一面吩咐人去请领队，一面开始祈神仪式，保佑旗开得胜。仪式做好，都打扮上了妆，可不但领队没见到，连去请的人也没有回复。林冲心中也不免埋怨，可记起上了妆挂了腰牌插了金花，就没有说出口来。看辰时已过半，再不走就迟了，不得已，乡老请了神，燃了壮行鞭炮，自己带着英歌队上了路。

这英歌舞，特点就在这行进中。不仅且行且舞，更可随时停下，变换阵势，皆依锣鼓声行路踏步，变换无穷。随锣鼓节奏时快时慢，时紧时密，舞者不仅变换队列阵法，还间或配以舞者的吆喝声，同时武畔变化棒法，有左敲、右敲、上敲、下敲、胯下敲、背后敲等，让人目不暇给，更显刚劲磅礴、威武豪迈。

沿途民众听到英歌锣鼓，都出门来观看。会武的行家看的是架势步法，无事的闲汉看的是热闹；老人喜的是驱邪平安，小孩图的是锣鼓喧闹；后生羡慕的是英雄豪杰的骄傲，女子专注的是健壮躯体的荣光。这一路，几乎水泄不通，人人传说英歌初出场，个个后生威武健壮，仿佛梁山好汉落山去，又似天兵天将下凡来。苦了手持水火棒开道的前卫，和执叉挑开沿途店铺布幔，好让两人高的锣鼓亭过路的帮手，个个满脸油汗，声音都喊嘶哑了。

林冲站在左列二槌，今日仪式隆重，更不敢怠慢，不时呐喊整理队列，或者加油鼓劲，变换队列时，也依平日训练，与左右头二槌一道，先声呐喊，跨出队列提醒众人，以免喧杂失阵，被行家耻笑，而手中鼓槌，也越发舞得伞花一般，谁见了都喝上一声好。年轻女子，更含羞盯了那装扮了的俊脸看。不论谁人，无不称赞这林冲。

好不容易行进到村口，众人更知道今日仪式之隆重：村口空地，摆了四四一十六张木桌，皆用红布铺了面。中间四张为香案，青烟缭绕，不敬天地无佛像，正是迎接梁山好汉的香烛。左右桌上摆了大碗清水，四个蜜柑一盘摞好，烟纸、烟丝散放在漆木盘中，放了满当当十二张桌子，这是供英雄们解渴解乏的。待英歌队舞近，一挂千响鞭炮就地点燃，海寨村中的乡绅贤老，皆全套长袍马褂，站在垫了黄土、洒了清水的村道口，迎接这群代天行道的英雄好汉。

乡老忙依俗上前，扶起鞠躬致礼的村长，说这如何敢当，借了神明的荣光，来给村中先贤晋主净场，本是英歌队应做之事，能蒙邀请已是荣耀了，怎么还劳各位先生出村迎接。村长照例客套，先是恭维英歌队威武雄壮，再将今日晋祠仪式安排一一告知乡老，并亲手燃了三炷香敬在香炉中，待英歌队在香案前舞了一个来回，这才请乡老让英歌舞者喝水歇息。

舞者们逐一拈了香，拜过神明后，便暂时放下天神的架子，喝水抽烟，略施休息。村里的老人们纷纷称颂这次英歌队阵容严整，年轻男女借这机会挤在一起叽叽喳喳地谈话。孩童们不免围将过去，看这些英雄的服饰妆容，腰上牌子和兵刃，胆大的趁着大人不留意，试着拿起英歌槌舞弄几下，博得小伙伴们一阵欢呼。喧喧闹闹中，村长却从这群威武的舞者中，惊奇地发现一个人，于是与村中乡绅贤老耳语一番，竟撂下不知发生什么事情的乡老和英歌队，招呼村里老少回村去。不消一刻钟，村里人便走了个精光，连桌子都来不及收拾走。使得刚才还热闹非凡的村口，一下子只有英歌队舞者们对视的无语惊愕和不解。

八

却说英歌队被海寨村长置之不理，众人皆在惊愕间，等了一个早上没有出现的领队，气喘吁吁小跑着从大路过来了。看到英歌队孤独地站在村口，地上满是鞭炮的红纸，这个平时严肃的乡绅，一屁股坐在了地上。

原来昨晚吃酒，定下今日到村中舞英歌，海寨村长与他约下规则，以最高规格接待英歌队，设下香案鞭炮，专门从县城请来照相师傅，晋主仪式结束一齐拍照留影，并留请英歌队舞者一同上桌吃酒，并每人送一对饼、一对大吉、一瓶酒和一盒茶的四式礼物，条件只有一个，不能让徐姓后生参加英歌。

海寨村近海，以往曾有情窦初开的年轻女子不守族规习俗，与疍家渔民做了伤风败俗的事情。李姓在十里八乡是大姓，海寨又是李姓积聚之所，远了来说祖上是两淮总督、节度使，近论多有望族大户，书香门第，有耕读传世传统，自然不容这些龌龊事情。故打也打过，赶也赶过，早清时还有捉去赤身沉潭的。况且新任村长上过省学，经三民主义教育，也曾受过县长接见，对这事更是深感恶绝。所以村长有心请得英歌来村，可一怕疍家渔民污秽了晋主仪式，二怕村中心智未全的年轻人，尤其是未出阁的女子受林冲蛊惑，酿下祸事，就邀了领队来吃酒议事，定下约定。

未曾想这领队的酒量如此不配一个乡绅的身份，加上村中族人热情，竟喝得大醉，出门时还是留着一分清醒，知道第二日事情隆重不可恍惚，刚好看到路边熟悉的一个盐商，就一五一十地交代了事情、时间，再坐上村里为他雇的车回家睡觉，这一觉睡得死猪一般。万万没想到只记得礼品式样、时辰安排，却忘了向盐商吩咐林冲之事。待到来找之人把家门擂得山响，起床后问起林冲也在队中，这才知道大事不好，套上鞋子就一路跑来，可还是迟了。

知道是这个缘故后，英歌队都默然了，不好再说什么。林冲站得远，一开始并没有细听，后来觉得不对，这说的是自己的事情了。肃立听完了，这英雄没有如旁人想的一样，跳将起来发一顿气，就是摇了摇头，拿了毛边纸开始擦脸，又仔细卸了全身装挂，拔了头上金花插在桌上香炉，拜了拜，就对领队说："老人吃了酒，记不住事情是有的事。领队你为英歌队奔跑，吃多点酒误了吩咐事情，都不怪你。莫要往心里去。今日都是我不是，有罚有罪都由我来担当。"

领队听了这话，知道这年轻人为自己开脱，也不知道说什么好了。队中众人便开始喧闹，有说海寨村欺人太甚，至少说明原因，不应撂下队伍；有的说渔民疍家也是人，为何舞不得英歌；有的没有言语，只拿旁眼看林冲，怪他拖累自己受辱。只有饰关胜的蔡鑫，走出来说："今日事情如此了，大家不如就散去了。鼓槌两支无长短，有罚也是众人兄弟的罚，有罪也是众人兄弟的罪，不要辱没梁山泊好汉的名讳。今日事自然有乡老、领队和他们村里来参详，大家人佩着腰牌插着金花，话说不对神怪罪，都少说一句。"林冲听了这话，觉得这像忠义关胜的话，就对他笑了一笑，觉得没有错交这个伙伴朋友。

原来这领队，也是疼爱林冲的，调教过多年。还曾介绍他到神前港口跑过船，接济他活路。可是疍家舞英歌，没有先例，他也不敢开这个头。直至今年海陆惠三县会演比赛，各处出六个表演，十八个表演只能夺出一二三四标，甲子所就出了一个英歌舞，挑了元高社队做基础，镇里大衙门说无论何社军民人等，只要舞得好，就加入进来，不拘元高一社。所以社长做主，他才取了林冲。可还未走出甲子所，已经出了这种事，明日社里一定闹翻，说不定还与海寨交恶。这当间领队思想了这许多事情，脑子里一窝蜜蜂一般，直至有人来搀他起身，才知道众人都散得差不多了。

九

回得船上，这林冲万般思绪千般恨，又都说不出口。家中女人不知发生了惊天动地事，以为他扮相讨嫌，就问他："不是说有四式礼，又在哪里，不会是头一昏，又转送了海寨女人？"林冲长叹一声，将前后事情细细说与女人听，女人听了不言语，也只能无法言语，也叹了一声。

林冲觉得心中闷郁，就出外坐在船头上，觉得自己身世如此，欲说又不知何处说起，就唱起那几句《南山会》的潮剧："终日骑只白马仔，满街走来四散颠。颠阿颠，今日要上南山岭。瘦马无力脚不会行，我三下牛鞭拍呀拍你跑。哎哟……一举高跌……好名声……"唱到最后"一举高跌好名声"，林冲深有感触，低着头想了半晌。

女人见林冲这高高大大的好汉如此，心都将要裂开。可又不知如何安慰。自己不也是疍家渔民吗？都说民主平等，可不还是陆上人欺负海里人，有的渔家妹长得俊俏，还被口口声声不容龌龊事的大人们强买了去，玩够了就转手给花艇，做尽伤天理事情。可这些，说了只会增加男人苦痛。这女人想来想去，只能说："莫想那么多，过得日子就行了。"想了想又说："我可不许你再唱南山会，那是刘永悼亡妻的段子，不吉利。"

见林冲还不言语，女子就说："不说话就对个歌，林冲兄，我来起头。"说是对歌代说话，可是唱的却是一个古时就流传下来的四句渔歌：

节瓜甜，

苦瓜愠糖嗦嗦甜。

是我穷女嫁穷仔，

是阮二人唔甘嫌。

还未唱完，已是满面泪花。这女人平日欢欢喜喜的，谁见过她流泪？慌得林冲一把抱过来，就用嘴唇吮吸泪水，倒把女人逗乐了，一把跳出来，嘻嘻笑着，跑回船舱了。

便都无事，平静过了日子。有人来传，说社长执意要除林冲的名，领队执意不肯，现在双方都坚持，还没有结果。林冲不以为然。海寨村回来后过五日，按例是习练英歌的日子。虽然女人昨晚一夜唠叨，说不要再上岸耍英歌了，渔民就做渔民的事，但清晨林冲就早早收拾完毕，挎一个布包，说是友人托的衣裳，上岸去了。

来到神庙前，天还蒙蒙亮。这个林冲，把包裹中衣裳换了，外面再穿上英歌戏服，打好脸待众人来齐。众人来到时，都没与林冲言语寒暄，不知说什么好，他也就没有开口了。

等到习练一套阵法完毕预备对打时，刚分发了兵刃，梁山泊英雄第六把交椅的豹子头林冲，悄悄燃了三支香，迈步上了庙前台阶，在众人诧异中，请了神，把香插在香炉中，再使一个扭身法，跃上半人多高神案，用潮剧念白的声调大叫一声："敬受法旨，我林冲去也！"两眼冒出光芒来，脸上还带着笑，手握丈八蛇矛，一跃而下，跑出神庙，跑上大街，经县道一路跑去，飞奔入邻镇海寨村，全程不消一刻钟。没有人追得上，也没有人敢追，因为饰关胜的蔡鑫，发觉不对追赶上去，还没有近身，就被林冲回手一矛，正刺中肩膀处，血流不已，所幸不深。飞奔入村后，这个头插金花身佩腰牌的林冲，直冲到祠堂偏房，将还在睡觉的村长一矛刺穿，钉在床板上。

擦净了手，林冲便自己跑回城内大衙门，按戏中套路跪倒在衙门前自首。穿戴着英歌戏服的林冲气喘吁吁，满身血污，双眼却亮得可以照人，惊得妇孺四散乱跑。待兵警来到，却没有人敢走近抓捕他，喊话又没有回答，于是经过商议，由一枪法颇佳的兵士瞄准，在大衙门前将其击毙了。至倒下后兵警上前查看，颜脸化妆不易认定，但英歌戏服内着一身蓝黑两色接布衫，都说应是林冲。

消息传到海边，家中女人立即昏迷过去了。醒来后就跳了海，被照看的人救起，半夜又跳一次，终于溺毙了。都说如果是陆上人家，如此忠烈的女子要是上表朝廷，定会御封换夫跳崖的南海夫人一样的名号。

数月后，甲子英歌舞在三县会演上夺得了头标，消息传来，甲子所民众大肆庆祝，元高社更是摆了三条街的酒桌请众人吃。一月后，县政府出告示说：“地方演武之戏，如舞英歌、耍虎狮、滚地金龙、五色狮等等，皆不得使用开刃兵器，不得进行执器对打……凡是民间习武之人，有以武犯禁者，罪加一等……”至此，甲子英歌舞再无对战。

英雄好漢

丁酉杏月甲子英歌華人物凱澤

甲子·晓达
——代跋

李丹丹

弟弟晓达给我发来了《甲子甲子》的全书书稿，作为他“甲子甲子”专栏系列文章的忠实读者，书中的多篇文章我已经看过不仅一次，但是全书一起翻阅，还是另外一种感觉。我们童年时生活的上世纪八九十年代的甲子，我们父母们经历过的上世纪六七十年代的甲子，我们阿公阿嬷[1]讲述过的上世纪四五十年代的甲子……沧海桑田在指尖翻阅之间扑面而来。

晓达是一名经济侦查专业出身的公安干警，能够在繁忙的公务之余写出这样一本有温度、有厚度的散文集，实属不易，作为他的姐姐，我与有荣焉。同乡大贤蔡运桂教授的序全面地介绍了书的内容，与作者为什么“要”写这本书的缘由。我虽有中山大学的文学博士学位，从事的却是语言学的研究，在文学方面全无建树，要介绍作者其文我是不够资格的。我就从姐姐的角度介绍一下作者其人，

[1] 潮汕话：祖父 / 外祖父、祖母 / 外祖母。

与他为什么“能”写出这本书的原因，以回报一直以来在各个平台关注、支持“甲子甲子”专栏系列文章的读者们。

晓达会弹琴、会书法、会打篮球，爱读书、爱吹水、爱交朋友，“龙船烟火景、猪脚墨脯鸡”[2]，最俗的、最雅的他都能特别开心地去品味、感受。他潇洒不羁、诙谐幽默，但是对家中长辈又极为孝顺；平时工作、生活在广州，但几乎所有重要的传统节日、所有潮汕礼俗中需要他出现的仪式与场合，他都会回到家乡。作为一名80后，他新潮时尚；作为一名甲子人，他重情念旧。他能写出《甲子甲子》这本书，是与他的性格爱好、处世行事分不开的。而这些性格爱好、处世行事，大概源于以下几点：

一、出生于一个传统又开明的知识分子家庭，深受阿公李绪本先生和阿嬷方玉芳女士的教育与影响。李绪本先生幼时接受传统的家族私塾教育，后又入民国新式小学、中学、大学学习，大学毕业后加入东江纵队，解放后没有从政而选择从教，是当地非常有名望的教师、文史学者和书法家。他不仅培养出很多优秀的学生，而且参与编撰过多本地方史志，生前发表过多篇研究、反映汕尾地区语言、文化、风土人情的文章，出版有《甲子人文风土览趣》与《李绪本书法集》等书。相比起阿公，方玉芳女士的名字并不广为人知，但她的文化修养与阿公相比，并不逊色。方玉芳女士出身于一个信仰基督教的商业世家，家中以“源丰酱园”为号，商品甚至远销南洋多地。作为广东沿海最早接触外国文化的家族之一，方家甚为开明，她的两位姑母和八位姐妹都和家中的兄弟一样接受了新式教育，毕

[2] 甲子谚语，前一句是转瞬即逝的美好景象，后一句是旧时过年过节才能吃到的传统美食。

业后多从事医生和教师的工作。从小在教会礼拜、唱诗，又让她性格开朗、多才多艺。十几岁时，她追求进步，准备和闺蜜一起投身革命，却在出发前夜被父亲发现，未能成行。后于解放初期投身教育，在甲子第三小学工作至退休，是一位从事教育工作三十多年的时代职业女性。

阿公很会讲故事，记忆中我们住在狮头巷的老厝时，每当夜幕降临时，阿公就会在院子中的玉兰树下给我们讲故事。这些故事大部分都是他收集的关于甲子的历史故事，我特别记得的有甲子人民如何接待、保护逃难逃到甲子待渡山的宋帝昺的故事，有饥荒年人吃人的“橄榄肉”故事，还有很多风趣的讽刺故事，比如这个——有一个很有钱但是特别吝啬的人，他家里吃饭的时候只有饭没有菜，只在饭桌上面挂了一条咸鱼干，家里人吃饭的时候吃一口饭看一眼咸鱼干，就当做下饭菜。有一天他的儿子实在是觉得吃不下一点味道都没有的白饭了，就眼巴巴地盯着咸鱼干发呆。他勃然大怒，怒斥他的儿子：“还看、还看，你就不怕被咸死！”

阿嫲也很会讲故事，但她讲的大部分是她家族的故事和她小时候的生活经历。比如她的小姑母，是甲子当时非常著名的美人，人称“甲子皇后”。阿嫲描述她姑母之美，并不描述她的外貌，只说她吃饭的碗。她的碗是自己单用的，大约只有常见的碗的三分之一那么小，碗边有一圈金线，把碗拿起来在灯下一照，通透得像玉一样。阿嫲描述的这个碗让我们至今对曾姑奶奶弱质纤纤的美人之态神往不已。又比如阿嫲说起日本侵略甲子之前，为了逃难方便，她和二妹如何往返多日，才将家中祖母、母亲的嫁妆中的金银器抬到当铺中换成纸币。没想到换完之后纸币却贬值成毛毛钱，最后只能用来烧火。晓达第一次听到这个故事时愤慨异常！啊，如果不去换钱，他就能当富……算一下……富四代了！

那些童年的夜晚，阿公阿嬷在晓达心中撒下的文学种子，三十多年过去了，终于长成今日《甲子甲子》这本书的模样。

二、从小嗜好读书、广泛读书。家中阿公的藏书甚丰，母亲也为我们订阅了很多报刊，小姨还常常从广州给我们寄来各种童话书。但说起来不好意思，在我们家，看书是得靠抢的！因为我和晓达只差一岁，因此从小就是打打闹闹着一起长大的。尤其是得到一本新书的那一刻，我们谁都想先看，这个时候更没有什么姐友弟恭、兄弟怡怡了。一般来说，新书一到，晓达仗着身手灵活，抓起书就往母亲的卧室里跑，锁上木门，津津有味地看起来。我在门外捶门，他自岿然不动。等到我从母亲处要来钥匙开门进去和他理论，他又从卧室的窗户溜出来，一口气跑进洗手间，重施故技，锁上洗手间的门直至把书看完。这时，才心满意足地开门出来，把看完的“二手书”给我。虽然有时我也是能够看到“一手书”的，但因为较为白胖，不能灵活地从门窗处溜来溜去，故此还是以看他看过的“二手书”为多。

这个抢书游戏发展到后来，已经成为我们看书的一种仪式，即使不是那么有趣的书，如果有一个在看，另一个一定也要想办法抢走去看，有点“瘦田无人耕、耕开有人争”的意思。这种“书非抢不能读也”的读书方式，一使我们姐弟看的书很杂很多，阿公的书从《论语》到《中国楹联选》，从《红楼梦》到《笑林广记》，从海明威的《老人与海》到刘义庆的《世说新语》，从沈从文的《边城》到高尔基的《童年》……我们两个都在抢书大战中啃完了，甚至连一个人抱不动的《辞源》也被我们扯掉了封面。二使我们两人的阅读速度都很快，“一目十行”“风驰电掣”“泥沙俱下”“玉石俱焚”……

这些成语加到一起大约就是我们阅读的风格，为什么要读得这么快？因为有一个人在门外不断地捶门、催你快看啊！

这些抢完之后趴着、蹲着、跪着看完的书，日积月累锻炼出晓达良好的阅读能力、开阔的阅读视野，使他拥有了一种不论何时何地皆可见缝插针、读读写写的能力，这也是他在忙碌的工作之余能够笔耕不辍，写成《甲子甲子》系列文章的重要原因。

三、在安静淳朴的城内生活，在喧闹繁华的两东读书。我和晓达都曾在甲子第一小学读书，后来转学到第二小学。转学的原因是甲子第一小学因校舍紧张，将学生分成凌晨、上午、下午三部制上课，每天在校学习的时间缩短了近一半。父母担心我们这样下去读不成书，因此把我们转到离家较远的第二小学去读书。

狮头巷和甲子第一小学处于安静的居民区甲子城内。狮头巷是温暖的家、一栋栋小小的单门独院的小房子、被邻居勤劳的大姐姐们洗刷到发白的水泥路面、傍晚时一整条巷子弥漫着的饭菜香味、各家的大人半个身子探出门口喊的那句“返来食啰！”[3]、孩子们依依不舍四散回家的小小身影……在狮头巷过的日子是温馨日常、四平八稳的。

第二小学就不一样了，处于非常热闹繁华的两东商业区。每天单从狮头巷到第二小学上学这条路，对于我们姐弟两个来说，简直就是一次次惊心动魄的探险。我们在真君街尾看过卖羊肉的摊口杀羊，屠夫用手遮住羊的眼睛，啊！要杀了要杀了，我赶紧也遮住自己的双眼。我们在两东市场内看到有铁匠打铁，火红的铁被大铁锤打下去的时候，嘣！我赶紧捂住自己的双耳。在大街上走着走着就发现前面有出殡的队伍，一个点着的鞭炮就摔到面前，啪啪啪啪啪啪啪！我大叫着躲到

[3] 潮汕话：回来吃饭啦！

远处、吓出一头冷汗。这些我闭着眼睛、捂着耳朵、躲得远远的狼狈瞬间，却是晓达幸福的高光时刻。与我不同，他对于这些活计、手艺、风俗有着一种天生的亲切感，他总是睁着大大的眼睛，极其细致地观察着，直到这些程序完全了然于心，就像他在《上学记》中所说的那样：“我敢说，给我一个火炉和一个铁锤，有那么几件趁手的工具和一个沉默的得力伙伴，我就能做出许多式样的农具。”

从狮头巷的家到两东的第二小学，这条路晓达只走过六年。但翻开《甲子甲子》这本书，我们能看到晓达在心里把这条路来来回回、彳彳亍亍走了三十多年。

四、兴趣广泛、胜友如云。晓达从小是一个兴趣特别广泛的人，这一方面是受到阿公的影响，另一方面是在成长的过程中结识到很多性格相似、志同道合的朋友。

阿公小时在家族私塾读书，琴棋书画都有专人教授，这些兴趣爱好伴随了阿公的一生。阿公又极爱草木自然，狮头巷老厝一楼的院子、二楼的天台，全部种满了花花草草，又养猫养鸟养鱼，家里花香怡人、莺歌燕舞。晓达艺术方面的素养甚高，尤其是书法方面，是阿公十个孙子孙女中最能继承阿公之衣钵者。他对草木自然的喜好，也源自于从小为阿公当小助手，从小包揽了浇花、喂猫、洗鸟笼、洗鱼缸这些活儿。这些活儿让他与家里的宠物们特别亲近，家里的宠物们也特别喜欢他。这种带着感情的小小劳作，对于童年的晓达来说是非常重要的人生体验，我相信对于他来说，不管是学扎中秋灯笼、学做风筝、看打铁、看制作鱼丸、看英歌舞……他都带着这样一种亲近生命的感情，万分珍惜、满怀爱意。为此那些别人看来重复、无趣的技艺劳作，在他的笔下总是意味盎然、别有情趣。

晓达出生的时候身体孱弱。当时我父亲在外贸公司工作，常驻香港，每月寄回外国婴儿奶粉两箱，本意是我和晓达各喝一箱，但他因为身体弱，喝了奶粉之后常常拉肚子，于是两箱奶粉都归我所有。因此我虽然只比他大一岁，但是我白白胖胖，他又瘦又小，看起来我似乎比他要大三岁。或许因为身体弱，领悟能力和表达能力似乎也不怎么高。我三岁时，某日母亲在卧房中午睡，听到我在门外给晓达讲了一个奇怪的故事："有一天大木斤和小木斤一起去找木材……"母亲偷听良久，仍然未解"大木斤""小木斤"为何方神圣，忍不住起床来找答案。一看我的书，忍俊不禁，原来是"大木匠"和"小木匠"！从此这个故事成为全家用来嘲笑我的笑柄，我也只好自封为我弟弟的"半字之师"——"匠"的一半就是"斤"嘛。现在回想，我讲的"大木斤""小木斤"究竟是什么他不困惑吗，为何他还是一脸呆萌、任由姐姐胡说八道？

因为这些原因，父母从小对我的学业要求较高，对他各方面的要求却较为松散。我们经常一起去上学，下课时我立即回家做作业，而他却常常不知踪影、到处闲逛，有几次甚至迷了路，差点回不了家！幸亏他结交了不少爱打球、爱吹水的好朋友们，没有在游戏机房打游戏、台球室打台球、大街上飙摩托车……要知道，在八十年代末、九十年代初的潮汕地区，多少孩子慢慢放弃了学习。晓达与这帮爱打篮球、爱吹水的朋友们在一起，不仅提高了身体素质，还锻炼了语言表达能力。打篮球、吹水，成为他的终身爱好；一起打篮球和吹水的朋友，成为他一辈子的兄弟。那些打过的球和吹过的水，那些在甲子公园和甲子中学挥斥方遒的青春，最终在晓达的笔下，成为本书中嬉笑怒骂、最为肆意挥洒的笔墨。

1999 年我高考，第一次填报志愿时，父亲希望我报读中国人民公安大学英文系，结果那一年突然扩招，考完高考后我们又有一次填报志愿的机会。因为成绩较好，第二次填志愿时我改填了中山大学中文系，从此在中山大学本硕博连读了九年，毕业后又到了暨南大学工作。父亲希望我读警校、当警官的愿望都落空了。幸亏后来晓达考上了中国人民公安大学，替我圆了父亲的梦。我读中山大学中文系之初，是怀有文学梦想的，但是读书之后，才发现自己的思维偏理性，更喜欢研究语言问题，虽然也出了几本书，但都是语言学的专著。没想到曾经弱小、呆萌的弟弟不仅替我圆了警官梦，又替我圆了一个文学梦。晓达成为作家看似“无心插柳柳成行”，然而我知道阿公、阿嫲小时候为他种下的文学种子、我和他抢着读完的书、城内两东迥异的甲子风情、从小痴迷的各种爱好，三十多年来他总是如切如磋、如琢如磨，今日终于水到渠成，汇流成河，成为这本为个人童年留声、为家族留传、为风俗留记、为百姓留影的《甲子甲子》。为此，我衷心地感谢他、祝贺他！

最后，仅借这篇文章，代表我的全家，衷心感谢在我们家族经历各种磨难、困苦的艰难时期，给予我的阿公阿嫲、父母、姨妈们各种关心和帮助的故交前辈、亲朋友好们。衷心感谢在晓达读书、工作的成长期间，给予他各种指导和提携的师长领导、同事朋友们。人世沧桑、世事起伏，大浪淘沙、披沙拣金。祝愿晓达永远保持一颗真诚朴素的赤子之心，祝愿家乡甲子文运昌盛、才人辈出，薪火相传、美好永存！

是为记。

（李丹丹，暨南大学副教授、硕士生导师，中山大学文学博士）

后记

我在粤东一个唤作甲子的海港小镇出生和成长。明清时这里叫做甲子所，有优良的海港，港口有六十块岩石，正合甲子之数，所以叫了甲子这个名称。所城原有高大的城墙、四个城门，几十年前才拆掉，但是从城内、南门头、北门等地名里还依稀找出当年所城的痕迹。这个海港小镇不大，一个半大小孩在中午出门，随意走走，看到街市中感兴趣的事物或者人还停下来看一看，到傍晚日头落山之前，也能基本把整个镇子逛完。地方早在数百年前已经开化，且又在时代变迁中艰难地改变和进步。但因为地处海岬一隅，仍保留着很多旧俗。有英歌舞，数十乃至上百名舞者用油墨绘脸谱，穿红黑两色服装，饰演水浒人物，各持短棍或小鼓舞动，随锣鼓点变换阵势，威武雄壮。三月初三妇人要炊青草饭，中秋时孩童提自制灯笼在街市中游灯，春秋两祭时宗族长老仍旧擎了香，随唱礼声领着族人跪在古旧祠堂里的祖先牌位前。甚至这个地方使用的语言，也是古风依然，比如把锅唤成“鼎”，把走称作“行”，而“糜”指的就是粥。现在这个依旧名作“甲子”的小镇已经抛弃了许多传统，但我回想起这个地方，脑海里却还是三十年前，镇上一个终日闲逛的孩童见到的古旧街市。

2008年起，我开始就家乡甲子镇的风土人情、传统习俗、故人故事等写一些文字，统一冠以 “甲子甲子”的标签。这次挑选出一些还有点意义的，修改拼凑出了这本书。书名时还是用了《甲子甲子》这个名字，既是说明书中主要内容，也是为书中文章的缘起做个纪念。期望能从这些粗糙的文字里“望得见山、看得见水、记得住乡愁”，也希望能以此记录下具体的“故”与“乡”，留下这个古镇上生活的人、发生的事、存在的物，以及街市上的风俗、言语中的文化，还有家族前人旧事的印记。

感恩蔡运桂教授赐序。20年前，蔡教授曾为我祖父《甲子风土人情览趣》一书作序，今日再赠文勉励我，时光荏苒，情缘延续。蔡教授在序中说这是“一生一篇最长序言”和“情意绵绵的序言”，并说到因书中记载的一些往事潸然泪下。捧读蔡教授的十余页手写稿，我也几次泪流。张策副主席专门写了评论文章作序，江冰教授、袁桂秋秘书长倾情评论推荐，均多有褒奖，愧不敢当，作鞭策鼓励存念。谢凯泽老师、李志达兄作画配图，为这书增添几分乡韵乡情。一本没什么水平和意义的闲书、小书，能得到诸多方家错爱，实在是荣幸，十分感激。还要感谢高雪梅姐、郑钟海兄为此书多方联系协调，以及责编林郁郁等老师的辛勤付出，没有你们就没有这本书的问世。另外，我父亲题写了书名，我姐姐写了一篇温馨的文章作跋，书的封面用的是我女儿一幅涂鸦画。希望以这种方式，将故乡的回忆和家的温暖融合在一起。因此，也谨将此书献给女儿和她的堂表弟妹们。

李晓达

2020年6月于甲子家中

祖父书房“渐修斋”